元パイロットの懐疑と証言

日本航空・復活を問う

信太正道
Shida Masamichi

高文研

はじめに

二〇一一年三月一一日、東北地方の太平洋岸を襲った巨大津波による惨状は、一定年齢以上の日本人には、否応なくある光景を呼びさまさずにはおかなかった。一九四五（昭和二〇）年の敗戦時の焼け野原である。

このアジア太平洋戦争の敗戦により、日本は米国を主体とする連合国軍の占領下に置かれ、軍隊と同時に民間航空も解体され、日本人の海外渡航はいっさい禁止された。

六年後の一九五一年九月、サンフランシスコで対日平和条約が調印され、日本の独立回復が約束される。

その前月の八月、日本航空が創立され、柳田誠二郎が社長に就任した。彼の信念は「人の和」であり、日本航空には家族的雰囲気がかもしだされていた。日本航空は若者の憧れの対象になり、やがて日本で一番入社が困難な会社になっていった。

一九六一年に松尾静麿が社長になった。彼は「一隅を照らす光となれ」と説き、とくに安全運航を至高の目的とするため、「臆病者といわれる勇気を持て」と社員に訴えた。彼の下で、私たちは自信と勇気と誇りを持つことができた。

六四年二月、日本航空会長になることが含みで、労働運動を敵視する伍堂輝雄が経済界から送り込まれてきた。彼が副社長に就任してから、社内に六つの労働組合ができ、「人の和」は吹っ飛び、世界一安全な航空会社は世界一危険な航空会社に転落してしまった。その後遺症は日本航空の宿《しゅく》痾《あ》となって払拭されず、彼が退職してから四〇年後の二〇一〇年一一月一九日、日本航空は倒産してしまった。

倒産してから三週間後の二月一日、中曽根元首相の肝入りで京セラ創業者である稲盛和夫を会長とする新経営陣がスタートした。九月の中間連結営業利益一〇九六億円を出して大いに内外の期待が寄せられたが、希望退職者が目標に達せずとの理由で年末に一六五名（乗員八一名、客室乗務員八四名）を整理解雇してしまった。そのうち一四六名（乗員七四名、客室乗務員七二名）が東京地裁に不当解雇撤回裁判を提訴した。

社内にはいまだに六つの組合が存在し、互いに争っている。これでは悪しき経営者の思うつぼだ。この不協和音を解消し、「人の和」つまり社内の信頼関係を再構築しない限り、乗客も乗員も安心して翔《と》ぶことは不可能であろう。

本書の第Ⅴ章「御巣鷹《おすたか》山事故についての体験的考察」で、私は事故の直接の原因は、尾翼（方向舵）が吹っ飛んだことにあると書いた。一八三ページに掲載の事故機ＪＡ８１１９の写真を見ていただきたい。尾翼の付け根と胴体の間に黒く長い筋が確認できる。これはずっと前の尻もち事故の後に、尾翼と胴体の固定に損耗が生じ、それが拡大した証拠である。この結果、飛行中にトイレットの天井から「ギシギシ」という怖い音が発生したのだ。

事故機に搭乗したすべての機長は、着陸後その旨を整備誌に記載したが、それを何年もの間、日本航空は無視しつづけ、廃機にすべきところをキャリオーバー（整備持ち越し：二〇七ページ以下参照）にして、民間航空史上最大の事故を引き起こしてしまったのである。

二〇一〇年の倒産の後、日本航空は短時日で順調に離陸したかに見える。しかし、果たしてこのまま順調に飛翔することができるであろうか。残念ながら、私にはそうは思えない。もともとは会社の労務政策による労使間・労働組合間の不信・敵対という、日本航空の宿痾である病巣がそのまま残存しているからだ。

日本航空は再び飛び始めたが、航空会社にとって最もだいじなものをまだ確保できていない。それを確保できない限り、かつてのナショナル・フラッグ・キャリアの栄光を取り戻すことはできない。

私は、日本航空が再び世界一安全な航空会社に回帰することを切に望んでいる。

その願いが実現することを祈って、ここに日本航空草創期以来の私の体験を伝え、あわせてささやかな提言を行ないたい。

目　次

I　暗黒労務政策の始まり

II　日航「安全神話」崩壊への道

III 私が見た腐敗の実態

IV 機長会で考えたこと

Ⅴ　御巣鷹山事故についての体験的考察

Ⅵ　日本航空・真の再生のカギ

装丁＝商業デザインセンター・増田絵里

I

暗黒労務政策の始まり

日本航空の60年

はじめに、私自身の簡単な経歴と、日本航空の歩みを紹介しておきたい。

＊

第二次世界大戦までの日本には、軍の指導層を養成する機関として、陸軍士官学校（陸士）と海軍兵学校（海兵）があった。大戦での日本の敗戦によっていずれも消滅したが、私はその海兵の最後の卒業生となり（一九四五年三月卒）、神風特攻隊員としての訓練を受けたが、出撃直前に敗戦となって命を拾った。

茫然自失の一年余を過ごした後、京都大学に入学、五〇年卒業、国家公務員上級試験に合格したものの、職業軍人の経歴から公職追放の憂き目にあい、やっと落ちついたのが海上保安庁だった。ちょうどこの年六月、朝鮮戦争勃発、私の所属する海保の一部は朝鮮沿岸の機雷掃海のために駆りだされた。

五二年、海上保安庁に海上警備隊が新設され、私もそこに移籍させられた。後の海上自衛隊の前身である。五四年七月、陸・海・空よりなる自衛隊発足、それを機に私は航空自衛隊に移った。

時代はちょうどジェット機時代に入った頃である。プロペラ機しか知らない空自隊員は、はじめ宮城県松島基地で米軍パイロットから訓練を受けた後、米国に渡り、アラバマ州の空軍基地でジェット戦闘機の訓練を受けた。

八カ月間にわたる訓練を終えて帰国、五六年からは福岡県築城《ついき》基地でパイロットを訓練する教官を養成する学校の、その教官に任命され、後にブルーインパルスとなる四人編成のアクロバット飛行隊のメンバーとなった。

ところが翌五七年、父の経営する会社が倒産、その対策のため私は自衛隊を退職した。しかし再建は思うように進まず、生活に困った私は翌五八年秋、日本航空に就職した。

翌年四月から民間航空機のパイロットとしての訓練を受け始めた。日本航空がジェット機の運航を開始する前年である。当時、ジェット機操縦の経験があるのは私一人だった。しかし、戦闘機の操縦と旅客機の操縦とでは、その根本思想からして異なる。私が軍用機のパイロットから旅客機のパイロットに脱皮できるまでには、実に四年を要した。

一九六三年、私はようやく機長になることができた。三六歳だった。以後、八六年に定年退職するまで、二三年間、日本航空で機長を勤めた。

*

日本航空は、敗戦から六年たった一九五一年八月、資本金一億円の国策会社として創立された。創立から二カ月後の一〇月、飛行機の運航を米ノースウエスト（NW）に委託して営業開始、一

1951年10月25日、戦後初の国内民間航空機として就航したマーチン202「もく星号」。だが翌52年4月9日、伊豆大島三原山に激突して37人全員が死亡する。（『日本航空40年の軌跡』より）

番機のマーチン２０２「もく星号」のほかＤＣ３「金星号」、ＤＣ４「てんおう号」が用意された。マーチンや「Ｄ（ダグラス）」は当時の航空機製作会社の社名である。もちろん、すべてプロペラ機だった。

ところが翌五二年四月、早くも事故が起こる。もく星号が伊豆大島の三原山に衝突、乗客三七人全員が死亡した。二カ月後、羽田飛行場が米軍から返還され、「東京国際空港」となる。同時に、日本航空整備会社が設立された。

翌五三年、日本航空は日航法の施行により半官半民の資本金二〇億円の会社として再出発、翌年、初の国際線・サンフランシスコ線が営業開始した。機はＤＣ６Ｂを使用。

翌五四年一〇月、航空大学校開校。

五五年、年末には日本人二名がＤＣ６Ｂ機長の資格（国際線機長）を取得。

五六年、バンコク線、五八年、シンガポール線、五九年、ホノルル―ロサンゼルス線、台北線など開設、六〇年、ＤＣ８のシアトル線就航でジェット化が完了する。

六一年、ＤＣ８使用で北回り欧州線運航開始、その後、本文でくわしく述べるが、客室乗務員を除く乗員組合が同年六月、ひょんなことから「驚異的」乗務手当を獲得した。翌六二年四月、日航労組が初のストライキを決行、国内線二八便が欠航した。

六三年、ボーイング７２７初飛行、航空機の大型化が始まる。六五年、ジャルパック発売開始、この年から翌六六年にかけ、会社の労務政策により新労組が次々に作られる。

七〇年三月、赤軍派、日航機よど号をハイジャック、北朝鮮に亡命する。七月、ボーイング７４７（座席数三〇〇以上）、太平洋線に就航。

このころ、大学生の人気企業調査では日航が連続一位を占めた。ところが七二年六月、ニューデリーで墜落事故を起こして八六人が死亡、次いで一一月にもモスクワで事故、六二人が死亡する。日航の安全神話は崩れた。

そして一〇年後の八二年、足元の羽田沖でとんでもない事故が起こる。私は日記にこう書きつけている。

――二月九日、午前八時四二分四二秒、三五二便（ＤＣ８、ＪＬ８０６１）、羽田沖滑走路３３

1970年7月、ボーイング747（通称ジャンボ機）、初めて太平洋線に就航。あわせてミニスカートの制服を採用して話題を呼んだ。（『日本航空40年の軌跡』より）

Ｒ手前３００メートルに墜落、死者二四名、重軽傷者百二十名以上、天候はクリア（快晴）。

さらに三年半後、空前の事故が起きる。八五年八月、ジャンボ機、ＪＡ８１１９の御《お》巣《す》鷹山《たかやま》墜落である。死者五二〇名！

八七年、日航は完全民営化されるが、五年後の九二年に赤字に転落、合理化を重ねるが状況は好転せず、二〇〇五年には運行トラブルが続発、国土交通省が異例の事業改善命令を出した。そして〇九年度の中間期で過去最悪の赤字に転落、企業存亡の危機に直面した。以後のなりゆきは周知の通りである。

小説「沈まぬ太陽」を生んだ手記

さて、先述の通り、私は八六年に日本航空を退社した。御巣鷹山事故の翌年である。

その事故の前年、羽田沖事故からは二年後の八四年、私は顔面ヘルペスなる奇病にかかり二カ月ほど療養することになった。よい機会と思い、日航での四半世紀を振り返り、「しめくくり」と題する手記を執筆した。直接の目的は、私の後輩に当たる自衛隊出身のパイロットたちに読んでもらうためであった。

私の日航入社は一九五八年であるが、その五年後の一九六三年、自衛隊では陸・海・空の幕僚たちが集まって「三矢《みつや》研究」なるものを行った。再び朝鮮戦争が勃発、有事に当たり自衛隊はいかに対処し、行動するか、国民をいかに動員するかについての共同研究である。

極秘の研究だったが、六五年、国会で社会党議員により暴露され、自衛隊はまたも戦争をやる準備をしているのかと大問題になった。実際、それは机の上だけの架空の研究ではなく、自衛隊では有事に際し、いかにして民間航空を自己の統制下におくかを考えていたのだった。そのため、航空自衛隊では二百名以上の優秀なパイロットを民間航空会社に送り込んだ。

ところが、日本航空に入社した自衛隊出身パイロットたちが見たのは、暗黒労務政策に支配された会社の現実であった。乗員組合は、一九六一年に「驚異的」なジェット乗務手当を獲得したが、その後は惨憺たる転落の道をたどり、分裂を経験した。

しかし、乗員たちはそのままでは終わらなかった。会社や先輩たちに肩をたたかれて第二組合に入ったものの、暗黒労務政策の実態にふれて、約一千人の第二組合員が、会社に解雇された四人を含む少数の第一組合員に謝罪して第一組合に復帰した。だが、その後も絶えることなく会社による介入は続けられ、自衛隊出身者の去就が注目された。

そうしたなか、右旋回か、左旋回かに迷っている自衛隊出身日本航空機長に対し、過去の事実を述べ、賢明に身を処してほしいと願って、私は本書の元となる手記を書いた。後輩である彼らとともに「ブルー・ユニフォーム（ＢＵ）」というクラブをつくったが、そのＢＵ会員たちに読んでもらうための手記だったのである。

結局、私が経験させられた日航初期の暗黒労務政策は、その後も一貫して続けられ、終わりを告げることはなかった。

一九八五年八月一二日、ＪＡＬ１２３便の御巣鷹山事故は世界を震撼させた。中曽根首相の肝入りで、カネボウ会長の伊藤淳二が日航会長に就任し、私の海兵同期生の田中茂信は取締役に抜擢されて社内の刷新に努めた。しかし、山地社長を中心とする暗黒労務体制の抵抗は強く、結局、中曽根を動かして伊藤を退任に追い込んだ。田中も、自らの意思で退任した。

その後、田中の勧めにより私のこの手記を読んだ作家・山崎豊子は、日本航空について書きたいと、田中と私に伝えた。一〇年後、その約束は名著『沈まぬ太陽』として実現した。

手記「しめくくり」を本書に収録するに当たり、一般の読者に分かりにくいと思われる箇所には新たに手を加えた。

操縦室乗員組合誕生の頃

私は一九五八年に航空自衛隊出身の古旗さん、海上保安庁出身の安田さん、海上自衛隊出身の樋浦さんたちと一緒に日本航空に入社し、パイロット七期生に編入された。すでに日本航空の創立時代は終わり、成長の時代に入っていた。

当時の乗員組合は、今考えれば、おままごと程度の、殿様組合といわれるもので、またそのように言われることを得意になっていた組合であった。それでも「動議」だの「議事進行」だの、自衛隊では聞き慣れない言葉に接し、俺もいよいよ民間人になったなあ、という気にさせられた。

組合大会は蒲田の産業会館で開かれた。私たち新入社員は、最後列に座り、なんだか分からぬ決議に対し前方の席から聞こえる「異議なし」の声に、拍手を送るばかりであった。古旗さんから、委員長は糸永さん、あれが野尻さん、その隣が富田さん、次が後藤さんだと教えてもらった。彼らは日本航空草創期のグレートキャプテンであり、パイロット一期生として全乗員に畏怖されていた。有意義な大会であったと満足して帰ったことを覚えている。

なお、操縦室乗員とは、操縦室（コックピット）内で勤務する操縦士（機長）、副操縦士、機関士（フライト・エンジニア）、航空士（ナビゲーター）の四者のことをいう。

乗員組合の〝栄光〟の時代

それが、六一年の臨時組合大会を契機に、様相が一変した。

六〇年に日本航空は五機のジェット旅客機ＤＣ８を購入して、八月一二日、第一便がサンフランシスコに就航、ジェット機の運航が始まった。高速ジェット機の操縦は、プロペラ機に比してより神経を使うし、その分、疲れもする。しかし、契約意識の薄い我が同胞は、いずれ会社がなんとかしてくれるだろうと、ＤＣ７Ｃ（プロペラ機）の給料でＤＣ８の乗務を開始してしまった。しかし、一年近く経過しても会社からなんの音沙汰もない。ついに乗員の我慢は爆発した。誰かが立って絶叫した。

「世の中はジェット時代になったのに、俺たちの給料は、いまだにレシプロ（プロペラ機）のままだ。会社の誠意はどこにあるか。此処に至っては断固ストに訴える以外、何が残されているか」

「そうだ！」

「ストになったら絶対に会社に顔を出すな」

「当たり前のことを言うな」

「ヤレ」「ヤルゾ」と満場の大シュプレヒコールで、完成したばかりのオペレイション・センターを揺るがした。

これだけわめき散らせば、もはや、話の種はなくなる。議事はストの突入で尽きたので、議長は閉会を宣言した。何時ごろ終わったか覚えていないが、閉会後私の前を歩いていた杉山機長等が、「食事でもしよう」「まだ早いや」と話していたのを考えると、多分一一時過ぎであったろう。大会が一〇時に始まったとして、一時間ちょっとで終わってしまった。

さあ、こうなったら会社は大変だ。どうせ、廊下をうろうろしていた乗務管理課長あたりが、本社に電話を入れたはずだ。首脳陣は、狼狽したろう。会社も組合もストについては未経験である。組合は現在のように、闘争スケジュールに従ってストに入るわけではない。満足な回答が得られるまで飛行機は完全にストップする。時の勢いは誰にも止められなくなった。

こうなると、団交はまことに楽しいものとなった。当時在京の乗員は、総員（といっても三〇人もいない）が、団交に出席させられた。会社も人数を制限するような野暮なことはしない。松尾静麿社長は、必ずと言っていいほど団交に出席された。

執行委員の一人が、ホテルの相部屋について苦情を述べた。

「私たち副操縦士は、三つのベッドを延べ五人で寝ています。三〇三便で夕方、福岡に着くと、一つのベッドを占領する。夕食を終わる頃、三〇五便が次のベッドを占領する。寝ようとすると三〇七便が着陸して残りのベッドを占領する。真夜中になって、三〇三便が深夜便のため出発する。そのベッドを午前四時頃、東京から到着した深夜便が占領する。二人を起こさないようにそっと部屋に入るが、『おい、揺れたか？』の声で全員起きてしまう。午前五時になると、昨夜三〇五便で着いた者が、三〇二便の早朝の出発準備をする。これでは、一晩中寝れやしません」

松尾社長は怒った。

「浦島君！」

その時の浦島常務の顔は見られたものではない。常人の顔ではなかった。社長は「いかん、また出た」と思われたのであろう、部屋の隅に待機していた部長らしい人に耳打ちした（部長は団交の席に座らせてもらえなかった）。多分、社長は部長に、全世界のコックピット（操縦室乗員）の部屋を一人にしろ、と命じたのではなかろうか。

当時、福岡に宿泊していたＤＣ４（プロペラ機）の太田機長は、「副操縦士とその日は同室であり、朝まで他便の乗員に邪魔されないで済むと思っていたが、ホテルに帰ると、部屋が変えられていた。今日もまた、他便の機長に起こされるか、と失望したが、遂に朝まで誰も現れなかった」と述懐している。

私も団交で一つの要求を出している。実はこの団交より半年前の組合の定期大会で、私はこんな発言をしていた。「私は鎌倉から横須賀線で通勤している副操縦士ですが、私たちに一等の定期券を出すよう、会社に要求してくれませんか」。そう提案したところ、組合員全員からどっと笑われ、しょんぼり着席してしまった。

しかしこの日の団交で、会話がちょっと途切れたので、要求事項に無かったにもかかわらず、私は再び提案してみた。

「私は副操縦士ですが、一等の定期券をください。今どき、満員電車の吊り皮にぶら下がって、飛行機に乗るような乗員は、世界中どこにもいないのではないでしょうか。自宅配車のある機長は会社に着いて、『これからだ』と張り切っていますが、私たち副操縦士は、やっとたどり着いた、という思いです。これでは勝負になりません。私は自衛隊出身ですが、自衛隊ですら、パイロット全員に配車がありましたよ」

大庭常務（後の全日空社長）は驚いて、

「ほう、だが、距離制限はあったでしょう」

「いいえ、私は浜松の基地にいましたが、豊橋に住む者も、車で来ました」

本当はトラックだったが、これは黙っておいた。

驚いたことに、世界に類例のない操縦室乗員（コックピット・クルー）全員に対する配車が、この瞬間に決まった。その日のうちに、タクシー代が支給された。自宅配車になったのは、大洋交通との契約上、半年近く遅れたが、湘南族は翌月から夢の一等（グリーン車）の定期券を頂戴した。組合大会で笑われたことが、団交の席上で一発で承認されてしまった。まったく会社もどうかしているね。単なる一時的出費ではない。それこそ将来永遠に、しかも、数十億円では済まない大出血だというのに。誰でも驚いたが、私が一番ぶったまげた。本心は団交にちょっと活気を入れようと思っただけなのに。

樋浦さんや古旗さんは、後々まで自宅配車は私のお陰だ、と言ってくれた。しかし、私はそうは思わない。労務担当重役を発狂させるほどの組合の熱気が、組合の要求もしないことを、承認させてしまったのだ。

ちなみに浦島常務のことだが、七一年に私が米国のモーゼス・レーク訓練所駐在時、視察に来た龍崎君（当時サンフランシスコ支店次長、海軍兵学校一期後輩）を自宅に招いたことがある。

「ところで浦島さんはどうなりましたか？」

「六七年に松沢病院で亡くなりました」。松沢病院は知る人ぞ知る精神病院である。

その後も含め、乗員が享有する労働条件は、この一回の団交で全部勝ち取ったと言ってよい。それ以後としては、運乗組合に分裂した〝ご褒美〟として与えられた現行超過勤務手当だが、それとても後に管理職にされてしまった機長に対してはなんらメリットはない。さらに、その手当自体についても、会社は後に根本的見直しを要求してきた。この団交を頂点として、少しも前進がないどころか、乗員は、常に会社から押しまくられ続けてきた。前述したホテルにおける個室の問題、全乗員に対する配車、着陸回数に応じた乗務時間制限、乗務後の休日規定、月間・期間最高許容飛行時間、飛行前ミニマム待機時間等は、会社を圧倒する勢いの団交の結果であり、甘っちょろい、なれあい団交の結果得たものではない。

最後の回答は一番重要なジェット乗務手当であるが、団交が開始されてから二週間ほどして会社から回答があった。

その翌日、臨時組合大会が招集された。議長は池田機長。委員長は鵜殿機長。書記長は藤本機長であった。藤本機長が回答を読み上げた。さすがの彼も声が弾んでいた。

「これならいけると、私ども執行部は、組合に持ち帰った次第です」

それもそのはず、DC８機長の時間当たり乗務手当の単価が二九五〇円にジャンプし、月間乗務手当六〇時間保証を会社が確約したからだ。

それ迄の単価は、DC４機長が五五〇円、DC６Bが六〇〇円、７Cが七〇〇円で、月間六五時間保証。基準給が一万七千円から三万五千円程度であったから、月額所得は、DC４機長が五万五千円、６B機長六万円、７C機長七万円前後であったように思う。（註：DC4、6B、7Cはプロペラ機、DC8、CV８８０はジェット機）

藤本書記長発表によるDC８機長の給料は、乗務手当だけで月額一七万七千円。江島機長級のグレートキャプテンの基準給は五万円を超えていただろうから、月額所得は、二三万円をオーバーすることになった。

つまり、７Ｃの給料で我慢していた江島機長らは、三倍以上にベースアップされたジェット機の給料をもらい、さらに約一年分の差額をさかのぼって頂戴することになった。

鵜殿機長らの少壮機長は、基準給が三万円程度だから、二一万円の月給取りになったのだろうか。いずれにせよ、三倍以上のベースアップであったことは間違いない。

当時の松尾社長の給料が、７Ｃと同程度だったから、ＤＣ８機長の所得は、最低でも、社長の所得の三倍以上にハネ上がってしまった。

庶民の給料はどれくらいかというと、面白い話がある。ＤＣ４副操縦士（コーパイ）の実地試験に合格した日、私はスバル３６０を買った。大学を卒業して八年目の友人三人が拙宅に遊びに来た。帝人と東京銀行と大和銀行の三人だった。

帝人「信太よ、車にいくら払っているか」

私　「頭金一〇万円で、毎月二万二千円、二〇カ月払いだ」

帝人「ふーむ」

東銀「俺はとても駄目だ。俺の給料は二万二千円だ」

大銀「俺なら買えるよ」

東銀、色をなして、「大和はそんなにもらっているのか」

大銀「だって、俺は二万三千円もらっているもの」

彼らはその後、帝人の副社長、東銀の常務となった。ともあれ、当時のDC4副操縦士の私の給料は四万四千円、沖縄便に月に一回か二回乗務して四万七千円程度、自衛隊パイロットの時は、三万五千円だったと記憶している。

話を臨時組合大会に戻す。藤本書記長の読み上げた回答にはみんなびっくりした。「質問ありませんか」と言われたが誰も質問のしようがない。開いた口がふさがらないのだから。しかし、大勢のなかには豪傑がいるものだ。機関士の佐々川さんだった。

「それは四半期の給料ですか?」

なるほど三カ月分の給料なら、一カ月七万円強。第一次回答としてならありうる。

藤本書記長は冷静に答えた。

「月給です」

全員の口から、ため息とも、どよめきとも言いようのない声が出た。

"We are one"の意識を生んだジェット乗務手当の獲得

所得が三倍以上になったことが、大きな波紋を引き起こした。この二三万円を忘れて、現在の日本航空を語ることはできない。ロートルはいつも昔を語りたがる。それが単に懐古的自慢話なら鼻つまみものと言うべきであろう。その人はすでに生ける屍と言ってよい。しかし、歴史を知らずして、現在・未来を語る者は夢想家に過ぎない。歴史とは、いわば既成事実の積み重ねである。その事実を生んだ条件を知り、その条件が現在も生きているかを検証して初めて理想を語る資格が生じてくる。

同床異夢という言葉があるが、この二三万円をめぐって、会社・経済界・中央運航所・地上職・乗員組合は別々の夢を見ることになった。

ＤＣ４機長の給料が五万円、６Ｂ機長が六万円、７Ｃ機長が七万円。だから、ＤＣ８機長は八万円というところか。せめて欲しかや一〇万円といったところが、全乗員の偽わらぬ願望であったと記憶している。それが一挙に二三万円にジャンプしたので、驚いたのは組合側だけではない。会社側も驚いた。組合側が望んでいたのは、一〇万円かせいぜい一二万円程度だったという事実は、直ちに会社に筒抜けになる。その結果、社長を再び団交に出すな、ということが労務政策の基本になってしまった。

経済界としても、甚だしく不快の意を表明した。誕生したばかりの、若き戦う経営者の連合たる日経連から、伍堂輝雄が専務として送り込まれることになった。当時、日経連から一番憎まれたのは、ピケを張り、赤い気炎を上げた三越と、所得三倍増の日航だった。将来は伍堂専務を社長にし、松尾社長を参議院議員に追い出すのが日経連の目論見であった。

当時、運航・整備記録を整備事務所で飛行前に受け取るのは副操縦士の仕事であった。整備主任の黒帽に私は嫌味を言われた。

「俺たちはもう働くのが嫌になったよな。お前たち、俺たちの給料の一〇倍以上もらってるだろう」

そのことを操縦室に入って機長に報告したところ、機長は深刻な顔をして、

「もうこれで絶対に事故は起こせないな」


だが、圧倒的多数の地上職は燃えに燃えた。赤だすきの日航労組がオペレイション・センターの全部を完全に埋めた。羽田地区全社員が集合した。「乗員組合に続け!」というシュプレヒコールは、滑走路を隔てた乗員訓練所の方まで鳴り響いた。一九六一年頃であった。彼らの機関紙を見ても、機長を先頭に、各職種がそれぞれの商売道具を手にして、スクラムを組み、経営者に挑むマンガが描かれていた。文字通り〝We are one〟であった。

この頃は、よほど景気が良かった、と思われるかも知れない。確かに、世の中は所得倍増論とか、神武景気とかで湧いていた。しかし、日航としては、ジェット機のDC8を運航してまだ二年足らず、ホノルルまで二〇時間もかかるプロペラ機のDC7Cを長い間運航し、世界のジェット時代に乗り遅れたばかりに、パンアメリカンとノースウエストに乗客を取られ、累積赤字はす

でに二〇億円を超えていた。物価指数を考慮するとこの二〇億円の赤字は、現在に換算して優に数百億円の赤字に相当する。日航にとって、最大のピンチの時であった。その時に、DC8機長の所得を7C機長のそれの三倍以上にしたのである。日本の航空界に日が当たり始めたのは、それから数年後の「渡航の自由化」以降であることを忘れてはならない。

私は、こんなドンブリ勘定の会社は、早晩つぶれるか、国家管理になる、こんなことなら、自衛隊を辞めなければよかったかな、と正直なところ不安に思った。だが、私の予想通りにはならなかった。DC8機長の給料二三万円を契機に地上職の給料も上がった。

それまで地上職の給料は、大学を卒業して九年目で一万九千円程度であった。知る人ぞ知る安月給の会社であったが、この大幅賃上げをへた後、日航は日本一、入社の困難な会社になった。良い人材が集まった。苦境にありながら、会社の実績は目に見えて良くなった。社員は燃えた。無事故世界記録は意識しないうちに更新された。

六〇年頃より、グレートキャプテン（草創期からの機長）等を中心に、機長の上に機長が位する中央運航所といわれる役職制度が誕生した。これらの役職たちは、二三万円について何を考えたであろうか。

面白い話がある。私は六四年に小田切機長のルート・チェック（路線資格試験）を羽田～那覇間で受けた。台北から飛行機が帰ってくる間に、小田切機長から質問された。飛行機に関することかと身構えたが違った。

「今までの乗員組合で、一番幸せを与えてくれたのは、どの〝内閣〟だったか？」

「ハアー？」

「それは鵜殿委員長のときだよ」

私も異存はない。

「どうして二三万円取れたか分かるか？」

「それは、当時乗員が団結していたからだと思います」

「違う。二三万円は、長野君が取ったのだよ」

「エーッ!?」

「当時、松尾社長は、『航空会社の運航について』という小論文を書かれた。その中で、乗員を大切にしない航空会社は、発展しないと書かれている。折しもスト騒ぎで、溺れる者は、藁をもつかむ思いで、松尾さんは誕生したばかりの中央運航所に諮問した。『一体、お前たちは幾ら欲しいのか？』。それで、勤務条件担当の長野君が、試算式を出した。松尾社長としては、ここで値切ったのでは、中央運航所からも見放されるということで、長野君の試算式をそのまま認めたのだ」

なるほど、その通りかも知れない。確かに、乗員組合としては、いくら欲しいと具体的な要求を出していない。誠意ある回答を望む、と要求しただけだから。

長野さんの計算式は、7Cの機長が、月間最高の一二〇時間を乗務し、乗務日当その他の会社が負担すべき諸経費を合算しても、DC8機長が、長期病欠したうえ最後にもらう給料を上回ることはない、というのが骨子らしい。

これで二三万円に対する中央運航所の考え方がわかった。しかし、もしこれが当時オープンになっていたら、大いに問題になっただろう。第一、DC8乗員が、なぜ7C乗員より優遇されなければならないのか、なんらの根拠も示されていない。

こうして乗員組合の見た夢は、固く団結さえすれば、所期の目的以上の成果を勝ち取ることができる、ということであった。

体験の違いが意識を決める

話は突然、本書のベースとなった手記「しめくくり」を書いた八四年当時に飛ぶ。語りかける相手は、自衛隊出身のパイロットたちである。以下はそのことを承知して読んでください。

一昨年の夏、地上職の福島部長、渡辺部長と私の三人は、夫婦同伴で一泊の伊豆旅行を楽しんだ。彼らは私の海軍兵学校一期先輩の中尉であり、二人ともフィリピン沖で乗艦が撃沈され、海で泳いだ経験がある。彼らが卒業した年に、連合艦隊は全滅させられた。彼等は負け戦《いくさ》しか知らない。戦争は必ず負けるものだと言わんばかりに、海戦の悲惨さを聞かされた。

一方、真珠湾攻撃で、戦闘機隊長として出撃し、さらに、一日に八機も撃墜し、航空戦上、世界記録を持っている藤田怡与蔵《いよぞう》機長の話はまるで違う。戦争ほど面白いゲームはないらしい。同じ兵学校を卒業していながら、体験の違いでこんなにも考え方が違う。

本年の機長会選挙に、私は丸山会長候補の世話人になることを依頼された。そこで機長たちに丸山君への投票を依頼したところ、組織管理職の偉い機長たちから、「丸山以外にない。尾崎一派では駄目だ」と陰ながらの声援を送られた。彼らは、二三万円の夢を忘れていない。反対に自衛隊出身者のほとんど全部は組合分裂後に入社している。負け犬の組合しか知らない。そのため、無駄な抵抗は止めよう、なるようにしかならない、とノンポリの人が多い。組合については、悲観的な考えしか持っていない。

しかし、皆さん、栄光の組合を知らずして、組合を軽視することは許されない。また汚辱の組合を語らずして〝We are one〟という気持ちにはとてもなれない。

かつての米国との戦争で、日本は物量と情報戦に敗れたが、乗員組合は、自滅したと言えるのではなかろうか。これからの話は暗くなるが、まあ聞いてください。

分裂の最初の兆候

乗員組合が、鵜殿委員長の下、二三万円を勝ちとった翌年、平本機長が委員長となった。この時から、組合員の中に、労働者としての乗員を自覚する者が出始めたのではなかろうか。平本機長個人の受難については後述するが（一六五ページ以下）、この時代に乗員組合史上、消すに消せない忌まわしい小事件が発生した。組合大会の席上である。

小口機長が不満をぶちまけた。

「私は6Bの機長です。ジェット機の皆さん、おめでとうございます。お陰様で私の給料も多少上がりました。しかし、DC8副操縦士の半分程度です。考えてみてください。事故を起こせば、私たちは首吊りものですが、副操縦士等はいい経験をしたことになります。昨年のジェット手当の闘争では、次はレシプロを応援してくれるということで、私たちは全面的に協力しました。ところが自分たちだけいただくものをいただいてしまえば、冷たくなってしまう。あまりに身勝手ではありませんか」

そこで、機関士の村川氏が立ち上がった。

「私は高空を高速で飛ぶジェット機のフライト・エンジニアです。レシプロの機長が何を言うのですか。責任の重さが違います！」

満場しーんとなった。かくしてわれわれの体内に、自らの手によって、毒液が注射された。相互不信、分裂という毒液が。

それ以後、組合大会はクルーレート（機長を基本にする乗員相互間給料比率）が討議の中心となって醜い内部闘争に終止し、数時間以内で終わることはなくなった。

日本航空暗黒労務政策の始まり

平本執行部の次は谷脇機長が委員長になった。左京書記長が任命された。一方、私の海軍兵学校同期の吉高が労務第一課長（地上職担当）、一期後輩の龍崎君が第二課長（乗員担当）になった。吉高は二年前まで地上労組の委員長だった。後に山崎豊子著「沈まぬ太陽」の主人公恩地元（本名小倉寛太郎）がその委員長となるが、労組の委員長をやった者が一転して労組を弾圧する労務課長に任命され、吉高は弱りきっていた。

「貴様の信念通りにやれ」と私は激励してやった。

龍崎君を紹介され、三人で食事をした。そこで、龍崎君から、伍堂副社長の不退転の意思を聞かされた。松尾さんを参議院に追い出し、甘ったれた社内の体質を改善し、出すべき膿《うみ》は出し、ストを打つ委員長ら三役は必ず解雇する、乗員といえどもその例外ではない、というすさまじい内容であった。

伍堂副社長は、経団連会長の実弟で、富士製鉄時代、有名な室蘭製鉄ストを鎮圧したことで、経済界・労働界から、恐るべき存在と目されていた。二万人の従業員を有する工場の取締役工場長であった彼は、関東のヤクザ連合を導入した。目的のためには手段を選ばず、毒をもって毒を制する、彼の理論的帰結である。組合幹部の夫人たちも、買い物の帰り道など、ヤクザの攻撃の標的になった。

その彼が、日本鋼管でもう一つ同じ手口の実績をあげ、日本航空に送り込まれてきた。彼の意思は単なる脅しではない。すでに内部分裂の兆しがあったにもかかわらず、勝利の美酒に酔っている乗員組合は、ストに突入し、委員長ら三役は解雇され、組合は空中分解するのではないか、と悪寒が走った。

一九四一年（昭和一六年）一二月八日、「帝国陸海軍は東太平洋に於いて米英軍と戦闘状態に入れり」という大本営発表の臨時ニュースを聞いた時も、これと同じ悪寒が走ったことを思い出した。私は書記長に任命された航空大学出身の左京君が気の毒でならなかった。当時、二人とも鎌倉に住み、私は彼に特別、親愛の情を持っていたからだ。

ある雨の夜、青い顔をして左京君が私のボロ借家を訪ねて来たことがある。

「金田さんが、大阪空港でフラップ（下げ翼）と間違えてギア（車輪）を上げてしまいました。飛行機は滑走路に座り込んでいます。どうにかならないでしょうか」

しかし当時の私は未だＤＣ４の副操縦士の身、どうにもならない。しかし、こんな遅い夜、左京君の心配そうな顔を見て、私は心を動かされた。おまけに金田君は福岡県の航空自衛隊築城《ついき》基地時代の私の教え子、捨ててはおけない。翌日、糸永乗員部長を訪ねた。

覚悟していたお叱りの言葉とは反対に、「金田君は立派だ。乗員には誰しも間違いはありうる。その時、金田君を見習ってもらいたい。やはり、自衛隊出身者は少し違う」とお褒めの言葉をいただいた。さわやかなものを感じた。

それにしても左京君は誠実な男だ。兄貴も全日空の副操縦士をやっているが、体の弱い母親を引き取り、面倒を見ているのは、弟の左京君の方だ。彼に自衛隊出身、航空大学出身という狭い了見を超えた人間愛を感じた。

谷脇委員長・左京書記長の率いる組合は、ＤＣ８機長の時間当たり乗務手当を一時間当たり六千円に倍増し、その他全乗員の乗務手当・乗務日当・パーディアム（小遣い）等をそれぞれ二倍以上アップすることを会社に要求していた。

これは給与担当委員の須藤機長の発案であったろう。力を過信していた組合は、初めてストライキを決行すると張り切っていた。しかし、このまま行けば、左京書記長の首はあっさり切られるであろう。結局、彼は見殺しにされ、組合は何処へさ迷うことやら。そこで私は一計を案じた。

組合要求案をすり替える

いかに所得倍増の池田首相の号令があった時とはいえ（一九六一年七月、安保闘争で辞任した岸内閣に代わった池田内閣は「所得倍増」をかかげ、日本経済は高度成長期に突入した）、また仮に大会の決議があるにせよ、乗務手当を三倍以上にアップして内外の風当たりが強くなった直後に、さらに倍増の六千円の要求など、通用するはずがない。

しかし、日本航空は純粋の営利企業ではない。経営者の顔を立て、世間に申し開きができるのなら、ある程度のアップは認められよう。結果的に組合は実質的勝利を収め、左京君も解雇されずに済むし、途方に暮れている新米課長の龍崎君も、つまずかないで済む。そこで、会社にとっても反対しにくい乗務手当体系を、私は作ることにした。その骨子は次の通りである。

なお、(1)の賃金スライド制以外の(2)、(3)、(4)は一般の人にはわかりにくいと思うので、読み飛ばしていただいてかまわない。

（1）賃金を国民の「賃金上昇率」にスライドさせる

表向きの理由は、労使の紛争を永久に解決し会社の発展に寄与すること。

真の理由は、会社の労務体制が確立し、今後、長期にわたり満足なベースアップが期待できなくなったこと。狂乱物価のさなか、遅かれ早かれ、地上職に追い越され、乗員が気がついても、手遅れになることにある。

もし、物価指数にスライドさせれば、その当時、賃金上昇率は物価上昇率を上回っていたから、当然に乗員の間から不満が出るであろう。一方、賃金上昇率を上回るベースアップをした場合、経営者の姿勢が経済界から非難を受けるであろう。そこで、賃金上昇率に依拠するスライド制を提案したわけである。賃金上昇率は、総理府統計局から公表されるゆえ、毎年の賃金の改定は、技術的に容易であることを補完的な理由とした。

（2）機種ごとに細分した時間当たり乗務手当をジェット機とレシプロの二本立て固定給にする。

表向きの理由は、①平均乗務時間が少ないのに保証時間制をとることに対し、社内外の批判があること、②レシプロは全部ダグラス系で、操縦に難易がない。ジェットは、現行給与体系では乗務手当の少ないCV880の方が、DC8より難しい飛行機であるゆえ、操縦の困難性によって乗務手当に差をつけるのは不合理であること、③プロモーション（昇格）の流れを良くすること、等であった。

裏の理由としては③に関してであるが、自分たちより後に入社した自衛隊出身者に先を越され、業を煮やした航空大学出身者が、セニョリティ制（先任制）を主張し、プロモーション（昇格）は、ＣＶ８８０副操縦士→ＤＣ８副操縦士→ＣＶ８８０機長→ＤＣ８機長によるべし、と強硬に要求していた。これでは、未だＣＶ８８０副操縦士であった多くの自衛隊出身者は、いつの日、機長になれるか、分からなくなった。

ところが、ＤＣ８がＣＶ８８０と同等視されるとなると、後から入社した者が、高額の乗務手当をもらうという非難の根拠がなくなるし、ＣＶ８８０副操縦士からＣＶ８８０機長の道が開かれ、プロモーションが円滑になると考えられた。

（３）着陸手当を導入する

乗務手当でジェット・レシプロの二本立てにした代わりに、着陸手当によって、機種間に差別を設けた。

表向きの理由は、①運航の難易度の差別でなく、生産性の寄与度に応じて配分するという、会社にとって受入れやすいものにする。②着陸回数の多い割にはパーディアム（日当りお小遣い）の少ない国内線乗員を優遇し、機長養成に必要なベテラン機長の国内線復帰を容易にする。

裏の理由としては、①取れそうなものは、会社の顔を立てて全部戴く。

（４）奨励給を導入する

従来は六〇時間を超過して初めて出来高払いが支給されたが、最初の一時間から奨励給をつける。

表向きの理由は、①少しも飛ばないのにミニマムを保証されている保証給に対しては、社内外から批判されている。その対策として、保証給を排し、奨励給を支給する。②六〇時間を超過して、初めて超過手当を支給すると、例えばその月の飛行時間が六〇時間を超過しそうもない時、休暇を申請したりして、勤労意欲を失う。最初の一時間から奨励給を支給すれば、そのような弊害はなくなる。

裏の理由は、六〇時間を超過しそうもない時に、乗務をキャンセルするような不届きな乗員は一人もいないが、なんとか、屁理屈をつけて、もらうものは全部もらってしまう。

谷脇執行部における支離滅裂

以上の案をスト決行の一カ月前、一〇日ほどかけて書き上げた。杜撰《ずさん》のそしりは免れないと思ったが時間的余裕がない。サイは投げられた。確か六四年の三月頃だったと思う。根回しのため、先ず龍崎君に説明した。龍崎君はなんの本で知ったのか、「Incentive といって極めてすぐれた賃金体系です」と私にひっかかったから面白い。

それから数回、彼に会い、また電話で意見を交換した。古旗さんが一回、安田さんが一回か二回、同行したことを覚えている。

安田さんは、谷脇内閣の執行委員であったが、私と二人になった時、「スライド制では、組合員の意思表明の機会が、それだけ少なくなるのではありませんか」と痛い所を突いてきた。この人は、本質を見抜いているのだとびっくりした。

龍崎君から電話があり、「大庭専務が、『最高の乗務手当体系だ』と手放しで喜んでおられます。伍堂副社長も、ことのほかお喜びです。これからあなたの原案に従って、作業を始めることになりました」という社内事情を知らされた。しかし私は、何か心が重かった。

左京書記長にも会って、伍堂副社長を迎えた社内の事情を説明した。彼は動揺したかに見えた。そこで、私が作成した乗務手当改定案を手渡した。当惑とともに、安堵の入り交じった複雑な顔をした。

その後、闘争委員会が開かれた。私も拡大闘争委員だったので出席した。左京君は席上、「六千円にいつまで固執していても、相手があります。それより、このような乗務手当を再度要求してみたいと思います。如何でしょうか」と私の原案になる乗務手当体系を説明した。

機関士の高橋氏は、「われわれの要求案は、給与担当の須藤さんから説明を受け、大会で承認されたものです。こんな私案を今さら誰が作ったのですか？」と難詰し始めた。私が手を挙げて説明した。

「私です。吉高・龍崎君と会った感触では、一時間当たりの乗務手当六千円の要求なんて、とても鼻も引っかけてくれない。それで、会社も回答しやすいような要求案を作って、もう一度やり直しをしたらどうかと思うんです」

誰もまだ、伍堂副社長の出現で、会社が本格的に動きだし、事態が極めて深刻になったことを知らない。今まで通り六千円の要求でいいじゃないか、とあっさり全員一致で私の案は葬られてしまった。私は激しく後悔した。勝手なことをしてしまった。

それから議題はあらぬ方向に脱線し始めた。那須君が「自衛隊出身者のおかげで、私たちのプロモーション（昇格）がひどく邪魔されている。あの人たちは、民間パイロットになろうと思ってパイロットになったわけではない。私たちは子供の頃から民間パイロットに憧れ、そして航空大学に入った。しかし、私たちの不満を役職の方たちはほとんど聞いてくれない。頼りになるのは組合だけです」としつこく、低い声で長々と訴えた。

高橋氏も、「私も日本航空整備会社に早く入社した。それなのに、後から入社した人たちに、どんどん先に機関士になられてしまった。航空大学を卒業された方の言い分はもっともだ」と同調した。

もはや組合は目茶苦茶だ。彼らは組合と国会をごっちゃにしている。組合を通じて自分たちの地位を上げようとしている。組合を所属集団の利益調整機関と勘違いしている。機関士と機長、先輩と後輩、自衛隊と航空大学。こんな調子で一〇日後にストを決行するつもりだろうか……。

後から聞いた話だが、後に懲戒解雇される四人組の一人、丸山君は那須君の意見に猛烈に反対したそうである。お山の大将われ一人、後から来るもの突き落とせ、ということは組合では許されない。パイロットは資格職業で自衛隊出身者といわず航空大学卒業といわず資格を取得したものから順を追って昇格すればよい。組合員が組合員の足を引っ張るとは何ごとか、と主張したという。

彼が多くの人に愛され信頼される理由の一つに、自分の利益を顧みず派閥を超えた公平さがある。

混乱に陥った組合の内情を秘し、電話で龍崎君に、拡大闘争委員会で私の原案が一蹴されたことを告げ、何もなかったことにして水に流してくださいと懇願した。ところが、「作業はかなり進捗《しんちょく》しましたから」と冷たく断られてしまった。こうなると私も凄まざるを得ない。

「組合は燃えてますよ。乗員はストになれば自宅で遊んでいればいい。それだけで飛行機は止まりますから。あの勢いでは絶対にストの回避はできませんよ」

会社が私の原案を撤回しない以上、私としてはできるだけ原案を高く売りつけなければならない。

しかし龍崎君は、「本当にストができますか？　谷脇委員長をはじめ執行部は、ストをやらないと言っているそうです」。電話の向こうでせせら笑っている。一カ月もしないうちに、彼は薄気味悪い男になってしまった。

「そんな馬鹿な。谷脇さんはゴジラと言われる元陸軍少佐殿ですよ。海軍に屈伏するわけないじゃありませんか」

龍崎君は先に書いた通り、吉高とともに海軍兵学校出身である。

「ところが、どうもそうではないらしいのですよ」と言って、龍崎君は拡大闘争委員の私さえ知らない闘争委員会におけるストに関する討議の内容を私に説明してくれた。

会社勤労部との決別

ある夜、私の労をねぎらいたい、吉高さんも来られる、という龍崎君の招きに応じることになった。場所はアメリカ大使館前で、現在も盛業中の「ザクロ」という高級料亭であった。すでに勤労部の田子部長、安保次長と龍崎君の三人が待っていた。田子部長が、

「信太さん、ご苦労さまでした。乗務手当体系は世界に誇る立派なものですよ。伍堂副社長もたいへん褒めておられました。今回の定昇で、日本航空でただ一人、あなただけを六号俸アップにしました。どうぞ、お受けください」と言ってビールの乾杯の音頭をとった。正直なところ私

は激しい罪の意識に責められた。

大庭専務が褒めるのなら我慢ができる。大庭さんは嘘のつける人ではない。これは団交に出席した乗員からのまた聞きであるが、那覇におけるパーディアム（小遣い）の話である。

DC4で那覇に到着するのは二〇時頃であった。沖縄がまだ米軍の占領下にあった当時、沖縄線は国際線で、現在の国際線とは比較にならぬデラックスな機内食がサービスされていた。従って夕食をとる必要はなかったが、翌朝の出発が八時頃であったため、パーディアムは二ドルに過ぎなかった。それでも夜遊びに一ドル二〇セント使い、翌日ホテルで五〇セントの朝食が食えた。ホテルといっても、男女共同便所つきの旅館日光であった。

そこで、団交の席上、大庭さんは質問した。

「あなたたちはいくらもらっているのか？」

「二ドルです」

「なんだ、たったの二ドルか。それでは無理だ」

並み居る闘争委員は、これでも経営者かと耳を疑ったそうである。

次の話も、この後に述べる「クーデター組の四人」が解雇された翌日、大洋交通の運転手から車内で聞いたまた聞きである。

「昨日二人の部長と大庭専務をピックアップしました。部長が大庭専務に『昨夜、乗員四人を解雇した噂を聞きましたが、本当ですか』と尋ねたところ、大庭専務は『そうなんだよ。伍堂副社長の雷が落ちてなあ。一喝されてしまったよ』という答えでしたよ」

後日、大庭さんは、ロッキード事件で証言台に立つが、記憶違いがない限り、全部正しいと認めてよいだろう。嘘のつける男ではない。（註：大庭専務は後に、全日空連続事故による運輸省航空局の意向で、全日空社長に就任された。）

ところが、伍堂さんから褒められるとなると事情が違う。油断がならない。彼は飛行機のことは分からぬし、それほど興味を持たないだろう。彼が喜んだ理由は、このストを目前に控えた正念場で、よくぞすり替え要求案を出してくれたということに尽きると思う。これで彼は、乗員組合をつぶすには、ヤクザの力を借りるまでもない、自滅するだろう、日本航空の乗員なんてとろいものだ、と自信を深めたに違いない。

私は宴会の席で、はっきり覚悟が決まった。こんな連中と付き合っているとろくなことはない。たかが六号俸アップされても、私は仲間から裏切りものとしてのレッテルを貼られてしまう。鉄面皮なら逆に組合を取引材料にして自分を会社に売り込むだろうが、とうてい良心の許すはずがない。本日を最後に、こいつらとはサヨナラだ、と。

私の浮かない顔を見て、安保次長が尋ねた。

「海軍ではどこの基地におられましたか？」

そこで分かったことだが、彼と私は同じ基地であった。敗戦当日、私たち三六名の海軍兵学校出身の特攻隊員は、茨城県の百里基地に移動し、そこで終末を迎えた。そこには当時、予備学生の特攻隊員約五〇名がおり、彼らが先に復員する一週間ばかりの間、毎日毎晩、自棄《やけ》酒を飲み、談笑し、また喧嘩もした。その中の一人に安保次長がいたのである。彼が私のセミ（準）同期とは知らなかった。田子部長も東大と海軍時代、中曽根代議士と一緒であったという話になり、龍崎君を含め、四人で海軍賛歌となった。

軍歌を歌っている最中、斉藤進常務が吉高を連れて入ってきた。かなり酔っている。

「おい、乗員は生意気だぞ。甘ったれるな」

「甘ったれちゃいませんよ。私たちは命がけです。執務時間中に床屋になんか行けません」

彼は不機嫌なまま一〇分ばかりで姿を消した。

驚いたことに、旬日ならずしてオペレイション・センターに行ったら、床屋は売店に化けていた。私は地上職に悪いことをしてしまった。

座が白けて気の毒に思ったか、安保次長が銀座で飲み直しましようと提案した。田子さんは「安保君、頼むよ。信太さん、私は胃が痛むので今夜はこれで失礼させてもらいます」と先に帰って行った。その頃、彼はすでにガンに侵されていたのであろう。

銀座の高級クラブで飲んだ後、龍崎君が「お送りします」と新橋までついて来た。新橋駅で「いろいろお世話になりました。電話代もかかったでしょうから」と言って私に一万円札を渡した。私は断った。彼の自宅は中野であるにもかかわらず、横須賀線で品川までついて来た。降りる時、やはり私のポケットに一万円札を入れた。予期していたので、私は返した。

「龍崎さん、それ会社の金なら、信太に渡したとお伝えください。私は乗員のためにやっているのですから。あなたは会社のために頑張りなさい」

彼はホームに立って気まずそうに私に一礼した。私も手を振った。これをもって私と勤労部との関係は終結した。

谷脇執行部の全面降伏

いよいよスト前夜、羽田の旅館梅月に、われわれ拡大闘争委員も含め全員が招集された。谷脇委員長、佐々木副委員長、左京書記長、安田・須藤機長、岩田・川島（忠）副操縦士、江川機関士等の闘争委員を中心に、梅月全館を借りての騒然たる小田原評定に入った。

この待ったなしの段階に至っても、江川君は要求事項である外人乗員優先排除問題より、日本人機長と他乗員との格差が問題だと主張した。

拡大闘争委員の倉田君も「私も機長なんて尊敬できない。尊敬できない者が、余計に給料をもらうことには、どうしても我慢ができない」と油を注いだ。

万事窮す。もうなるようにしかならない。それでも、真面目な委員が一人いて、議題を闘争スケジュールに戻すことに努力した。本当にストライキをやる気のある人は、彼以外にいなかった、と私は信じた。

九時頃、オペレイション・センターから長野、富田両機長が現れ、「伝家の宝刀を抜かないでくれ」と告げ、玄関先で一〇分も経たないうちに退散してしまった。

一〇時頃、航空士の三輪さんが現れ、カイロ～カラチ間から航空士を降ろさないでくれ、と懇願したが、執行部は冷めた顔をして聞いていた。

一一時頃、「これから闘争委員会の秘密会議に入ります。拡大闘争委員の方は、ご退室ください」と告げられた。全員が私をスパイと思い、また私もそのように思われてもやむをえない事実を公言したばかりに、彼らは、これからの会議を秘密会議にして、私を排除したのであろう。

私はほっと解放されて、別室に移った。航空士の大嵜《おおさき》君が、馬鹿にはしゃいで後から入ってきた。ふとんが二つ敷かれていた。

「拡大闘争委員なんて楽なもんだね。連中、これからが大変だろう。あんなこと、道楽じゃできないね」……それから半年後、大嵜が委員長になり、解雇されるなんて、お釈迦様でもご存じなかったであろう。

一二時頃、どこかの部屋で大声が聞こえた。異常な声である。大嵜君と駆けつけた。すでに多くの人が集まっている。先ほどまで、たった一人、本気で闘争スケジュールを作成していたA執行委員が、全狂乱になったのだ。大声でわめき、当たるを幸いひっくり返し、頭からお茶をかぶり、何語か分からぬ言葉をわめき出している。信じられなかった。つい先ほどまでこの人は、ストに入ったら全員腕章着用、鉢巻きをし、誰がターミナルや鉄道の主要駅でビラを配り、誰がオペレイション・センター前でサンドイッチマンをするかなど綿密な計画を立案していたのに、突然発狂してしまったのだ。全員毒気を抜かれてしまった。

それでも最後の団交の開始時間が刻々と迫ってくる。最初の自宅配車がオペレイション・センターを出発する時間が午前四時なので、団交はそれまでに妥結か、決裂かを決定しなければならない。Aを除く闘争委員は、順次タクシーに乗ってオペレイション・センターに向かった。やっとAを静かにさせ布団に寝かせつけることに成功した。それがわれわれ拡大闘争委員の最後の仕事となった。

オペレイション・センターに駆けつけたとき、怪物伍堂副社長を先頭に、一〇名近くの会社首脳が、第三会議室に入るところであった。龍崎君が青い顔をして私に一礼した。

団交の模様は、室外からは全く分からぬ。間もなく取り調べを終わった検察官のように、伍堂副社長らが出てきた。

結果は、組合側の完全敗北であった。ゼロ回答どころか、蛇《じゃ》が出てきた。闘争委員を除いて、最初の要求案のすり替え要求案が出されていることを一般組合員は知らない。それなのに、将来、長期にわたり乗員を拘束することになる私の原案による乗務手当体系を利用した回答に対し、持ち帰り検討することもなく、闘争委員はその場で調印してしまったのだ。いかなる弁解を、全組合員に対し、闘争委員はするつもりだったのだろうか。

しかも、すり替え要求に対する回答は、セミの抜け殻であった。スライド制どころか、着陸手当も、奨励給も全く無視されている。これが、内部分裂を起こし、情報が漏れていた当然の報いであった。会社自身がどんなに合理的・具体的要求、さらに世界最高の給与体系と考えても、組合の力がなければ、かくなる運命になることを、全乗員は肝に銘じておくがよい。

執行部の腰抜けもさることながら、なんといっても私が悪い。「レシプロの機長が何を言うのですか」と怒号した機関士より、私の犯した罪は大きい。総員の意思を蹂躙したのだから。

なお、発狂したA機関士にはあれから二〇年以上たった今でも年に一度は会う。先月も同乗した。

「あの時のことを考えると、恥ずかしくてなりません」と彼は照れ笑いをする。私も、「お互い様です」と答えて会話を切ることにしている。それにしても、本当に発狂していたのなら、なぜ照れ笑いするのだろう。私と同じ頃、彼も定年を迎えた。

四人組のクーデターと懲戒解雇

このすり替え回答に対し、大嵜《おおさき》航空士（ナビゲーター）らの四人はクーデターを起こした。要求もしない回答を呑むわけにはいかない。総員の意思を無視する谷脇執行部は、交渉能力を有せず、組合員を代表したことにはならぬとして、クーデターを起こしたのである。クーデターという以上ノーマルな選挙によらなかったのだろうが、私は詳しいことは調べたことがない。ともあれ、大嵜航空士ら四人が執行部を乗っ取った。

クーデターの結果、谷脇さんは会社から無能と呼ばれ、組合員からも馬鹿にされた。彼は世捨人となり、この世には、マージャンのできる人と、できない人との二種類しかない、とうそぶくようになった。

新たな執行部によって、組合は活気を取り戻した。それと同時に、今度は勤労部に代わって、乗員の中の役職が陰の主役となって、組合問題に介入してゆくことになる。

その一人、平川機長からある日、私に電話があった。組合の現状は極めて憂慮すべきものがある。ついては機長懇談会の理事であるあなたに、意見と助力を得たい。何月何日にお会いしたいという電話であった。私は当時、訓練所所長の佐竹さんの要請で、機長懇談会の理事にされていたのである。

六五年頃であったと思う。約束の日、東横線の元住吉駅で、大形機長と私は、平川機長の車にピックアップされた。目的地は世田谷のマンションに住む塚原機長宅であった。すでに桑田、大原、小石、高沢機長がつめかけ、参集者は塚原、大形、平川機長と私を加え、八人であったように記憶する。

先ず、各人に所信表明が要求された。おおかたの意見は、現状を憂えるというが、それほど過激なものではなかった。私は「夫婦喧嘩は犬も食わない。会社が倒れても困るし、組合が倒れたら、なおさら困る。どちらかが倒れそうになったら、機長が応援すればいいのではないか。現時点では、介入の必要性が無いと思うが」と見解を述べた。

これがリトマス試験紙による赤青チェックであった。過去の実績がものをいって、私は青と断定されたようだ。多分、彼らは機長懇談会の理事である大形機長と、私をチェックしたかったのだろう。なぜなら、平川機長に連れてこられたのは、この二人だけで、他の参集者はすでにこれまでに塚原宅で会合していたように、夫人の態度で知ることができたからだ。

リトマス試験紙のチェックが終わると、集会の空気が一変した。本題は何とクーデター組四人の「首切り」の実行方法についてであった。四人のクーデターの可否とか解雇するか否かの議論は、とうに終わっていたのであろう。しかし、彼らに社員を解雇する権利があるわけがない。ことによると、かかる恐ろしい計画の背後には、何か恐ろしい強力な組織があって、その指令によって彼らは動いているのではないか、と不安になってきた。

昼食時に相沢機長を呼ぼうという意見が出た。彼は役職たちの強硬な反対にもかかわらず、クーデター組四人の中のただ一人の機長として、しかも組合でもヒラの執行委員として、クーデター内閣に参加していた。高沢機長は「あんな愚連隊の執行部に入るなんて、相沢さん、頭がおかしいのではないか。彼を呼ぶくらいなら、始めからこんな集まりに出なければよかった」と猛烈に反対した。しかし、肯定派が多数を占めた。

昼食時、問題の相沢機長が現れた。組合及び会社の現状が説明され、また呼んだ方からも、注文がつけられた。

「午後から執行委員会に出席しなければならない。しかしなんだよ。お前たち、誰かをクビにしようとしているらしいが、そんなこと、俺は承知しないぞ」と穏やかに言って相沢機長は姿を消した。

組合からの機長全員脱退の陰謀

その後で、四人の首切りを含む全体のスケジュールが、次第に姿を現してきた。何とそれには機長全員の組合からの脱退という組織分裂の計画が含まれていたのである。そのための手順は次のようなものであった。

まず、機長の組合からの脱退は機長全員の意思に基づくものとする。そしてその脱退声明は堂々と、組合大会で表明されなければならない。そのために、拡大闘争委員の三分の一の協力を得て、臨時組合大会の開催を要求しなければならない。大会における脱退声明文を自分が読む、と高沢機長が買って出た。また大原機長は、この計画のもう一つの問題点は機長全員の脱退の賛意をどう集めるかだが、その成否は藤本機長が動くか否かにかかっているとし、自分が説得の任に当たると主張した。

藤本機長は、鵜殿執行部時代の書記長で、会社から最も恐れられていた。とかくの噂のある鵜殿委員長と違って、彼は眠っているのか、起きているのか分からない。ところが団交のピントが外れてくると「今日は不毛のようですな。皆さん、帰りましょう」と帰り支度をするので、会社側は、席に戻ってもらうため、ひたすら低姿勢に出たと言われている。若い組合員からも「大石義雄」として絶対的な信頼を寄せられていた。

ところでこの機長全員の組合脱退計画においては、堂々と自己の姓名を表明して臨時組合大会の開催を要求する五人の代議員（拡大闘争委員）が一切の罪を被ることになる。そしてその五人はすでに選ばれており、名簿を見たらこともあろうに、一人残らず自衛隊出身者であった。

「これはひどい。憎まれ役になるではありませんか。航空大学出身者からも出してくださいよ」と私は抗議した。

それに対し、航空大学一期生の塚原君は「恥ずかしい話ですが、私たちは後輩を説得する自信がありません。時は急を要するものですから」と逃げた。

同じく航空大学一期生の桑田君は「運航本部長の小田切さんは、『何がなんでも、この計画を成功させたい。自衛隊出身者でなければできない』というたってのご要望です」と私の決心を促した。

桑田君は「信太さん以外、彼らを説得できる者は、この中におりません」とたたみかけた。私は窮地に立たされ、結局はOKしてしまった。私は自らの気の弱さに泣いた。私は罠《わな》にはめられてしまった。

臨時組合大会が開催されたさいの議長は塚原君が買って出た。彼は、ハト派というより、組合派として、一応後輩から評価されていた。

やがて、桑田君が電話をかけ終わって「皆さん、役職たちがしびれを切らしています。早く結論を出しましょう」とわれわれにハッパをかけた。なんのことはない、何度も電話していると思ったら、われわれの言動を逐一会社側に報告していたのか、と私は慄然とした。

ほとんど結論が出た頃、乗員養成所出身の野原さんが「千歳から帰った」と制服のまま現れた。会社の車で送られている。彼は私の隣に座って、「やあ、組合はよくやるもんですなあ。みんな鉢巻きをして張り切ってますよ」

私は彼のズボンを指で突ついた。しかし彼はなおも続ける。

「今度は本気で準備していますね。これならストライキもやれるでしょう」

私はたまりかねて股《もも》をつねった。やっと彼は白けた空気に気づき、今度は顔面蒼白になった。

なぜ陰謀団は、野原、大形機長と私を呼んだのだろう。

当時、機長懇談会は、グレートキャプテンの前島会長と野原、大形、塚原、信太の五人の理事で構成されていた。前島会長は、この集会の結果を、本社の役員室で待っていた一人と推定できる。だとすると、この会は機長懇談会の理事全員が参加したことになり、この集会は陰謀どころか、機長懇談会の合法的計画ということになろう。なぜなら、理事は各自の所属団体を代表する、と考えられているから。そして私を呼んだ最大の目的は、前述した通り臨時組合大会開催を要求する自衛隊出身の五人の候補の説得役であった。

四人はなぜ首を切られなくてはならなかったのか

ところで、なぜ陰謀団とその仕掛け人たちは、四人の首を切らなければならなかったのか。もちろん、伍堂副社長の鶴の一声が第一原因ではあるが、それに呼応した人たちの思惑は、次のように推定できないだろうか。

取締役運航本部長の小田切機長にとっては、他の重役どもをあっと言わせる「彼個人の野望」、つまり、他の重役ではできない合理化を達成するために、組合を領導する四人を絶対に解雇しなければならなかった。

次に運航本部次長の長野機長。彼は以前、乗員のための機関紙を発行したことがある。ところが、彼の美文調の作文を一行一句、四人組のメンバーで航空大学三期生の藤田君や丸山君らが乗員新聞で反駁してしまった。こてんぱんとは、このことだ、と誰の眼にも映じた。長野さんの文章は、「操縦は天空に描く芸術である」調の少女的なものであった。乙女の書いた作文が、大学院の学生の理論によって、真っ赤に添削されたのに似ていた。彼は誇り高き男だ。彼は、藤田、丸山君を八つ裂きにしたいほど憎んだに違いない。実際しばしば、そのような発言もした。長野さんの発行する機関紙は二号で廃刊となった。

次に、陰謀団の大原機長は、愛国的な愛社精神の鬼と解しても差し支えないであろう。また小石機長は、丸山、藤田は副操縦士のくせに、礼儀を知らない生意気な奴だ、という程度の、単純な理由からではないか。

高沢機長は、組合大会で、再三にわたり、真の民主主義のためにと称して進軍ラッパを吹いた。だが、彼の民主主義に対する理解は、元陸軍大尉としての、皇軍にあった多数決の原理に過ぎない。昔の御前会議は、多数決が原則であった。

問題は塚原、桑田君たちだ。航空大学一期生は、副操縦士時代からすでに、航空大学の役職だと後輩たちから敬遠されていた。従って、一期生が同窓会で君臨するためには、後輩の圧倒的多数から支持されている三期生の丸山、藤田君らを切る必要があったのだろう。

さらに桑田君は、自衛隊出身者は、民間航空にとって不協和音であると、しばしば発言していた。だから、組合分裂の火付け役、下手人のレッテルを自衛隊出身者に貼りたかったのだろう。

松尾社長を囲む朝食会で

塚原機長宅での陰謀会議から間もなく、在京機長全員、赤坂プリンスホテルで催される社長との朝食会に招集された。三〇人以上集まった。当時としては欠席者はいなかったと思う。席上、松尾社長は四人組の一人、丸山君の自宅に電話をかけた時の模様を話した。

「丸山君、現在日本航空は、世界一周路線に取り組んでいる大事な時だ。なんとか君の力でストライキを止めさせてくれないか」と社長は懇願したという。

「ところが、『社長、なにかお考え違いをしていませんか。私は独裁者ではありません。ストをやるか否かは、全員で決めることです』とにべもなく断られてしまった。そこで私の腹は決まった。この際は、泣いて処罰せざるを得ない」と。

このように社長は話したものの、「解雇する」とは言っていない。だから、社長の決意を知りえた機長は、陰謀に参加した人以外に何人いたろうか。

参考までに、松尾社長と丸山君との関係を一言しておこう。乗員の中で社長から愛された者、丸山君の右に出る者はいなかったと思う。鵜殿執行部の団交の際、実見した模様をお伝えしたい。鵜殿委員長に対しては、いかなる理由からか、会社側はあまり話しかけない。書記長の藤本機長に対しては、前述した通り、会社側は恐れるばかりで、手がつけられない。そこで松尾社長は、発言するたびに丸山君の顔を窺った。

「丸山君、そうじゃろうが」

「松尾さんは浪花節調ですな」

「そうか、浪花節かな」

と言ってすごすごと発言を引っ込めてしまう。次に、

「こんなことを言ったら丸山君に浪花節と言われるかも知れんが、これはどうだろう」

「やっぱし松尾さん、浪花節調ですよ」

「やっぱり駄目か」

和気あいあいたるものだった。

次に丸山君個人の組合内における存在だが、彼が入社してまもないころ、大会で夜間手当について討議されたことがある。それは何回となく蒸し返されたクラシックな問題であったが、俺たちの乗務手当は多額だし、この中に夜間手当が含まれていると見なされても文句は言えない、と全員が半ば諦めてしまっていた。やがて丸山君が遅刻して会場に入ってきた。

「議長、質問があります」

先輩乗員が振り返って見ると、まだ見たこともない新入社員。だが、丸山君は平気だ。

「夜間手当について前回の討議との関係はどうなるのですか？」

「ふむ、ふむ」と言ってる間にグレートキャプテンを含む全先輩議員の決めた新しい決議が、一介の新入り訓練生によって、たあいなく、ひっくり返されてしまった。それ以後、彼が組合大会に入って来ると（彼は遅刻の常習犯）大会の空気はピーンと締まってくるから不思議だった。

少し脱線したが、社長との朝食会の間に、私は便所に中座した。小田切運航本部長が、待って

いたように私についてきた。小用をたしながら
「日本航空の運命は君にかかっているよ」

と告げられた。そしてそこで五通の封筒を渡された。

内容はおよそ分かっていたが、帰りに電車の中でそっと開いた。代議員から執行委員長あての臨時組合大会開催要求であった。その組合大会開催を要求している代議員は、五人全員が自衛隊出身者で、横井君がいたようだが、記憶がはっきりしない。はっきり覚えているのは宮川君だった。彼とはしばしばフライトを共にしたし、何より謀反人に最もふさわしくない人間として、哀れみを感じたからだ。

その彼らに署名、捺印させるのが私の「任務」だった。もし、彼らが断われば、陰謀団の全計画は挫折してしまう。その代わり、入社後、日の浅い彼らは、役職たちから直接呼ばれ、強烈な弾圧を受けよう。彼らはとても最後まで断わりきれるものではない。

大嵜委員長との対話

自宅のある鎌倉に着いて、同じ鎌倉に住む大嵜委員長を駅前の喫茶「扉」に呼んだ。彼と会って開口一番切り出した。

「君は解雇されるよ」

「そんな馬鹿な。いくら会社がでたらめだって、ストライキぐらいで首を切れるわけないじゃない」

「会社だって、でたらめなのは知っている。伍堂とはそういう男だ。乗員組合は世間の組合とは違う。裁判所の復職命令が確定するまで、最低一〇年はかかる。その間に、組合は空中分解する。一〇年も飛行機から降ろされた奴は使い物にならない。会社は十分計算済みだ」

次第に彼の顔色が変わってきた。

「やがて君たち執行部は、代議員の有志から臨時組合大会開催の要求を突きつけられるだろう。それが反乱ののろしだ。それなら先手を打って、臨時組合大会を執行部の方から開催するのがよい。その大会において、現状を十分に説明し、再び民意を問うのがよい」

彼はうなずいてくれた。

「乗務一時間当たり単価六〇〇〇円に固執するなら、君たちは結局、ストライキを打たざるを得ず、解雇されるだろう。しかしまた、会社案をそのまま呑めば、全面降伏として、反乱分子扱いされる危険がある。そこで、鵜殿委員長の時に獲得した二九五〇円を五〇円だけアップして妥結したらどうか。君もご存じの通り、会社と組合間で妥結すると、紅茶とお菓子が出、社長と委員長が握手するではないか。そして、お互いに相手の強いことを誉め称え、両者から犠牲者を出さないことを約束して和気あいあいと別れるじゃないか。この一手しか残されていない」

彼は完全に了解して、直ちに闘争委員会を開き、臨時組合大会の開催を約束してくれた。私の思う通りになった。私は嬉しくなって、彼と別れた後、妙心寺裏の橋の上から、五通の封書を散り散りに破って滑川《なめり》に捨てた。しかし、今思えば、惜しいことをした。歴史的に貴重な資料を川に捨ててしまった。

臨時組合大会前日の機長全員の招集

大嵜君と別れて数日して、臨時組合大会開催の告示が貼りだされた。

いよいよ大会の前日になった。機長全員は、朝からＴＦＫホテルに非常招集された。長野機長が座長であった。

「相沢君には全く困っている。機長の身分を忘れて、あのような執行部に、しかもヒラの委員として参加するなんて、何を考えているのやら。〝Shame on him〟皆さんも、一般乗員の組合員に付和雷同しないで、機長らしく、現実をみつめる眼を持ってください。ところで、訓練所にまだ機長が残っているんじゃない？　直ちに呼んできなさい」

これに対し、木本機長は、「乗員にとって、グランド・スクールは極めて重要だから、これを中止させるわけにはいかない」と反対した。グランド・スクールというのは、いわゆる座学で、それに対するのは操縦訓練である。

「グランド・スクールなんかやっている場合ではない。日本航空の運命を左右する正念場だ」と長野さんは気色《けしき》ばんだが、結局グランド・スクールが終わってから直ちに、ということで、木本さんの正論に押されてしまった。さすがに無事故世界記録の推進者の考え方は違う。木本さんについては後述したい。

昼近くなって小川機長は、世話人の一人に「今日の昼食は何を食わしてくれるの?」と尋ねた。

「ライスカレーです」

「ライスカレーか。早く食べようよ」と言って皆を笑わせた。少し参集者の緊張がほぐれた。木本、小川機長の発言から窺えるように、役職の間にも、かなり考えの違いがあったのではなかろうか。特に取り上げるほどの問題ではないが。

午後になって、グレートキャプテンは退散した。討議は夕方まで続いた。そこで組合の執行部を呼ぶことに決まった。大嵜委員長は、明日の大会の準備に忙しいということで、代理人の資格で副操縦士の森山委員が現れ、会社の態度および組合の闘争態勢について報告した。

「ストはやれます」と言う彼の言葉は弱々しかった。

池田機長は立っていわく、

「いつまでも六千円に固執するのは難しい。しかし、三千円のままでも面白くない。そこで皆さん、どうでしょう」

とポンと手を叩いて、

「四五〇〇円では」

これは大多数の参加者の共感を得た。さすがに人徳のいたすところ。だが、事態はそれほど甘いものではない。会社はすでに、六千円とは全く関係のない乗務手当を一方的に回答し、組合は調印に合意している。

しかし森山君一行の退室に、機長一同は、

「ご苦労さまです。よろしくお願いします」と暖かい声援を送った。

浜田機長は「ご苦労」とニコニコ顔であった。

その翌日、大会の始まる二時間ほど前に、再度、機長だけTFKホテルに招集された。私は一時間ばかり遅れて参加した。藤本機長が、乗員の団結について発言していた。残念ながら機長たちの反応は冷ややかであった。彼の発言の前に、この会場でなにかがあったらしい。昨夜、森山君一行を送り出した時の空気とは、まるっきり違って重苦しくなっている。

航空大学一期生の桜井君が立って声明文を読み上げた。「私たち機長は、もうこれ以上、執行部についてはいけません」という内容であった。全ての機長は神妙に聞いているだけであった。

「この声明文を本日の大会で発表します。皆さん、異論はございませんね」と誰かがダメを押した。全員黙っているのを見極めてから、集会は解散された。

臨時組合大会（いわゆる分裂大会）

その一時間後、いよいよ臨時組合大会が開催された。議長はシナリオ通り陰謀の謀議会場に自宅を提供した塚原君。これではまさしく泥棒に金庫番。しかし、議事は陰謀団の思う通りには進行しない。彼らはいらいらして議事中断を申請して承認された。私たち機長は役職の部屋に集められ、気合いを入れられた。それで、大会の席上ではかえってリラックスすることができた。

しかし昼食後も、さっぱり思うように議事が進行しない。陰謀団が焦っている頃、議長席の横に皆と向かい合って座っていた執行部の大嵜委員長が、座ったまま、

「皆さんのご意見を伺っていますと、スト決行を望む方と、慎重にという方の意見が分かれています。要求といっても、相手のあることですから、全額と言われても、私たちは必ずしもそうは思ってはいません。だが、現状を踏まえ、これだけは是非アップしてもらわなければならぬというミニマムを皆さんそれぞれお持ちでしょう。例えば五〇円とか、百円とか、皆さんの合意を

確認できたら、私たちは交渉しやすくなります」

と鎌倉の喫茶店で私が説明した通りの提案をしてくれた。

これを聞いて、私の前に座っていた大原機長が動揺した。隣の陰謀団の一人（誰だったか覚えていない）に「これでは首が切れなくなる」と耳打ちするのが私には聞こえた。そこで、彼らのうちの一人が、再び議事の中断を要請し承認された。

中断の前に「各自無記名で希望額を中断中にお書きください」と予め用意されていた用紙が、闘争委員から全組合員に配布された。

再度、機長は全員、役職の部屋に集められた。もちろん、役職の機長は一人もいなかった（彼らは組合員ではない）。私たちは、周囲の壁に、ぐるりと立たされた。平谷機長は、「こんなことをしていると、組合は分裂しませんか」と心配した。初めて分裂という忌まわしい言葉が出てきた。ところが浜田機長に、

「何を言うか平谷！　お前は何という奇麗事を並べているのか。われわれの中の有志の方は、機長の地位が下がらないよう、何カ月も前から、自らの手を汚して努力しておられる。恨まれることを恐れては何もできない辛い仕事だ。しかるにお前は、何もせず、自分だけ手を白くして、いい顔をしようとするのか。ふざけるな！」と一喝されてしまった。午前中のＴＦＫホテルにおける集会から始まって、脅かされ続けの機長たちは、この一喝で勇気が吹っ飛んでしまった。

大原機長が「それでは、今朝、ご了解いただきましたように、高沢機長が、脱退声明文を読み上げます。異存ありませんね」と確認をとりだした。

機長たちは、壁を背にして立っている。「文句のある奴がいるか。いたら前に出ろ！」と再び浜田は怒鳴った。

機長の中には、藤本さんも、牛島さんも、高橋甲子夫さんも、平本さんもいた。しかし、誰も前に出る者はいない。「誰もいないな。後で文句をつけたら承知しないぞ」という駄目押しの一喝で、声明文は読み上げられることになった。

さらに陰謀団から説明があったが、かかる空気に鈍感な川口機長が、なにやらピント外れの発言をした。しかし、「川口君、本来なら君は、この席には出れないはずだ。あまり出しゃばらないでくれ」と高沢機長にぴしゃりとやられてしまった。川口機長は、半年ほど前の六五年二月二七日、壱岐島《いきの》で着陸訓練中、コンベアを大破炎上したばかりであった。この高沢機長の一言で機長たちの心理的抵抗は消滅した。

組合大会が再開された。委員長が、

「皆さん、先ほどお渡ししました用紙に、ご希望の額を書いていただけたでしょうか」と確認をとった。

その時、陰謀団の一人から、自分たち機長として、声明文を読みたい旨の緊急動議が提出された。組合員は本能的に危険を察知した。

「やめさせろ！」

「その必要なし！」

「議長、勝手なことをさせるな！」

と悲鳴に近い怒号があちこちで上がった。しかし、議長は泥棒の金庫番の塚原君。かねて準備しておいた通り、良識あふれる顔で、

「民主主義は、他人の言に耳を傾けることに始まりますから」

と言って動議を承認してしまった。

高沢機長が声明文を読んでいる間中、悲鳴、怒号はますます大きくなった。だが、小便は一度出たら止まるものではない。とうとう最後まで読み上げてしまった。

嵐の静まったところで、大嵜委員長が切り出した。

「今まで、機長の皆さんからずいぶんご協力を得てきました。その方たちは、この席上にも多数おられます。その声明文の内容については、全員の了解が得られているのですか？」

大原機長は「全員の意思です」と自信をもって答えた。私たちは「ノー」とは言えない。役職の部屋で誰も反対した者はいないし、また、大会の席上で、実は脅迫された、と主張できる勇気

のある者はいなかった。

「そうですか」と言って大嵜君は失望して、私たちの顔をゆっくりと見つめた。私も見られた。「ブルータス、お前もか」とは、こういう顔であったろう。

私はたまりかねて便所に逃げ、便器に座った。やがて、拍手が静かに湧き上がり、大勢の人が会議室から出てくる音が聞こえた。吉高に龍崎君を紹介されてからの悪夢は、機長の脱退という劇的なフィナーレで幕を閉じた。すべてが終わったと観念した。裏切り者のユダはキリストの死を聞いて後悔し、受け取った銀貨三〇枚を投げ捨て、ゲヘナの谷で首をくくったが、私は便器に座ったまま、足の震えを止めようとしていた。

私たち機長は、誰が誘ったわけではないが、自然と乗員部に集まってきた。誰も話すものはいない。こんな幕切れは誰も予想していなかった。ただようのは敗北感ばかり。

樋浦さんが私を促した。

「一緒に帰りましょう」

二人で蒲田までタクシーを拾った。早く二人だけになりたかった。樋浦さんは我慢を押さえ切れず話し出した。

「とんでもないことを聞いたよ。浜田がひとり言を言っているんだ。『今日は思い切り怒鳴ってやった。これで役職たちは喜んでくれるだろう』って」

自分のことだけしか考えない、見栄えっぱりな男の所業に、私たち二人はうんざりした。

乗員組合抜き打ちスト事件判決

機長が全員脱退して、組合は半身不随となった。にもかかわらず、若き四人組に率いられる乗員組合は、とうとう史上初のストに入った。

労働関係調整法によると交通、新聞等の公益事業がストに入る場合、一〇日前の予告が必要だが、彼らの決行したストは、出発前、気象状況などのブリーフィングの終わった乗員を闘争委員がつかまえ、「あなたは指名ストに入っています。あそこに準備してあるタクシーでお帰りください」という激しいものであった。

その結果、会社の予定どおり、クーデター組の四人は首を切られた。世にこれを日本航空抜き打ちスト事件といい、たいていの大きな六法全書には、判例として掲載されている。私の説明より、有斐閣の労働判例一〇〇選から引用したほうが簡潔で分かりやすい。

【事実の概要】

本件は、日本航空株式会社の乗員組合が指名ストを行ったのに対し、会社が組合の幹部四人を懲戒解雇したため、その処分が不当労働行為で無効であるか否かについて争われた事件である。

裁判の結果、東京地裁は、一九六九（昭和四四）年九月二九日の判決を以て原告の請求を認容し、雇用契約存在を確認した。

【判旨】　請求認容

本件争議行為の目的において格別不当ないし争議権の濫用と判断される筋合いはなく、その態様中、会社を奔命に疲れさせることをねらったとみられる筋もあるけれども、結局労務の不提供以上の所為に及んでおらず、これを全体として目的および態様を関連させて観察すれば、本件争議行為はなお労働組合法七条一号にいう正当性を失わず争議権の濫用にあたらないと判断される。

運航乗員組合（第二組合）の誕生

話を、新幹線が走り出し、東京オリンピックが終わった一九六四年の暮れに戻そう。一回目のストで、会社は違法ストを内外に宣伝し、特に乗員組合には厳しい態度で臨むことを警告していた。正直なところ、私たちはやり過ぎたなと動揺した。その後で、組会から全機長を脱退させることに成功した役職および陰謀団の動きは活発になったと思う。

私は、彼らから完全に離縁されてしまった。脱退した機長およびこれから続々と脱退してくるであろう第一組合員の受け皿としての第二組合の設立準備は、彼らの次の大仕事になっていたと思う。

機長懇談会室は第二組合設立準備室と共同使用する形になった。私は未だ機長懇談会の理事であった。ある日、部屋に入ったところ、航空大学出身者の一人が、機長懇談会の理事長と話していた。彼は甚だしくバツの悪そうな顔をした。なぜなら彼は未だ機長ではなく、何か私に聞かれては具合の悪い話を携えて部屋に来ていたのだろう。

「彼は難しいです」

「それなら、こちらでやる」

などの会話が洩れてきた。

一本釣りが始まるとこれだからやりきれんと思った。昔、隠れキリシタンの迫害があった頃、踏み絵を踏んだ信者が最も悪魔的にキリシタン狩りに協力したといわれる。筋金入りの第一組合員を装ったこの種のたれこみ屋が、われわれ機長懇談会の部屋に訪ねてきたのを、私は何回となく目撃している。

やがて久しぶりに海兵同期の吉高労務課長から電話があり、「機関士は引き続き飛行機に乗せてやるということで、全員組合を脱退した。松尾社長は、『機関士一期の中富は凄い奴だ』と褒めていた」と教えられた。数日後、機長懇談会室でしらべたところ、全機関士の脱退は誇張であった。機長はほとんど第二組合に加入済み。さすがに航空士は全員頑張って脱退を拒絶していたが、数からいって問題にならない。

不正投票事件について

それから一年後に、私の機長懇談会理事の任期が切れた。と同時になにもする気がなくなった。何事につけ傍観者になってしまった。だが、これから書くことは作り話ではない。

この頃の出来事で自衛隊出身者として避けて通れない問題に、機長会会長選挙の不正投票事件がある。一九六九年のことである。当時、私は米国モーゼスレーク訓練所の駐在員で、東京の情勢については疎《うと》く、詳細を語る資格はないが、私が知り得たこと、とくに事件の中心人物で、例の四人組解雇の密議のさい、会議の逐一を会社へ電話していた桑田について述べておきたい。

ある日、午前一〇時頃、ビバリー・プラザー・ホテルのロビーでサンフランシスコ便の乗務を終わった勝本機長に出会った。

「今晩、一緒に食事しようよ」と私が誘ったところ、勝本君は、

「これからナパ訓練所（操縦教育基礎訓練所）の桑田所長に、これを持って行くところです」と言って、何か預かり物を私に見せた。それを聞いて、

「危険な関係に深入りしないほうがいいよ。理事なんか早く辞めちゃいなさいよ」と私は警告したが、

「信太さんがやれというから、理事をやっているのです」とやんわり断られてしまった。私は彼をそそのかした憶えは全くなかったが、そのまま別れた。


次は、岩田機長から直接聞いた話である。

「桑田さんについてはかんばしくない噂があります。彼は商船大学時代に私の一年先輩で、窃盗事件を起こしています。そのため、生徒で結成された懲罰委員会から、放校処分になりました。その時の懲罰委員の一人が私です」と。


ナパ訓練所でも金銭問題が原因か何かは知らぬが、桑田はその後アンカレジに転勤させられている。異常な人事だ。日本に帰せない何かの事情があるとの黒い噂が立った。

私自身もいつか羽田訓練所前の社用バス停に立っていたら、マイカーに乗った桑田に、

「オペレイション・センターまでなら乗せてやるよ」と声をかけられた。タウナスという洒落た外車であった。中に入ると何やらなまめかしい香りが漂っている。

「ありゃ、いい匂いだね」

「うん、この車、銀座のママさんから、借りているんだ」

どうせ、つけは機長の一人一人に回ってくると思ったが、黙っていた。

彼と話していると「機長にとって必要な金は、遠慮せずに使いましょうや」とか、「この前は勤労部に招待されたから、今度はこちらが招待する番だ」とか勇ましい言葉がポンポン飛び出してくる。

「凄い所から請求書が機長会にどんどん舞い込んでくる」と林理事と樋浦監事がぼやいていた。桑田としては「おれ様が機長たちのために、勤労部から大きな利益を引き出してやっている。その当然の経費だ」という大義名分があったのだろう。目的達成のための手段としての金に、汚い、奇麗と区別する奴がいるかという論理のようだ。

彼は、転ばされても、転ばされても不死鳥のように這い上がってくる。その秘密は何だろう？上司も彼を怖れているのではないか。彼は顔が広すぎる。どんな弱みをたれ込まれるか分からない。会社の仕事も立派にやっている。労務担当取締役の吉高は、「ナパ訓練所を作ったのは桑田だ」と高く評価していた。

未だ乗員組合の分裂する前、機長懇談会の席上で暗に桑田を指して、「この場で話したことが直ちに役職に筒抜けになる。これでは気持ちが悪くて何も発言できない」と航空大学卒の桑田と同期の機長が問題発言をした。

その次の懇談会で、桑田は議長の許しを得て、釈明文を読み始めた。読んでいる間に、彼は大粒の涙を流し、大声を上げて泣き出してしまった。大の男があれほど大きな声を出して泣くのを見たこともなかったし、それ以後も見たことがない。

代わって、隣席の野原さんが代読した。まるっきり意味が分からなかった。桑田は組合分裂後、「流れる」という論文を書いて、全乗員のメイルボックスに配布したことがあったが、何回読んでも意味がよく解らなかった。深遠な論理だからではない。文脈が支離滅裂だったから。

野原さんが代読した文章も、弁解らしかった。自分が漏らしたことを謝罪しているのか、漏らさないと言いたいのか、それとも非難そのものが不当だと言いたいのか、さっぱり意味が解らずじまいであった。野原さんが代読している間、桑田は大声で泣きじゃくった。

懇談会の議題が変わり、議事が進行した。すると、何処からか大鼾が聞こえてくる。桑田だ。大声で泣いたと思ったら、三〇分もたたないうちに、今度は大鼾だ。何かが狂っている。

彼には自衛隊出身者に対して前科がある。組合分裂の狼煙《のろし》を上げさせ、発起人の罪を自衛隊出身者に負わせようとした。

不正投票事件を簡単に説明しよう。機長懇談会は、その名の通り懇談会で、民法上「権利能力がない社団」にすぎない。民法・労働法による保護を受けることはできない。そこで、懇談会を機長会にし、次いで機長会を機長組合に成長させるために、とりあえず機長会をつくることに機長幹部の意見が一致した。要するに、乗員組合から機長を脱退させ、その受け皿となる機長組合をつくるための機長会だったわけだ。

その機長会会長の選挙で不正投票事件が発生したのである。大量の選挙投票用紙が機長懇談会事務所から盗まれたのだ。

そしてこの不正投票事件の首謀者となったのが、桑田ではないか、というのが彼を知る者のおおかたの見方だ。小心と大胆、智謀をめぐらすかと思えば八方破れ、平気で人を密告しながら、それを指摘されると大泣きする、矛盾に満ちた桑田だったからこそ、投票用紙をごっそり盗むという無茶な大事件が引き起こせたのだろう。

II

日航「安全神話」崩壊への道

全日空に去ったグレートキャプテン

前章までは乗員組合分裂の話。これからはその結果として、安全運航が崩壊したことについて触れよう。

一九五一年に日本航空が創立されてから約一五年間、柳田、松尾社長時代には社内に「和の精神」が満ちあふれていた。国内線でもゆっくりと目的地のホテルで一泊することが多く、国際線では飛行時間が九時間以上の北極経由ヨーロッパ線、ノンストップ太平洋線、シドニー線などの場合はダブル編成がノーマルで、機長、副操縦士、機関士それぞれ二人ずつが交代で業務に就き、着陸後はホテルの個室でゆっくりと休むことができた。

シドニーに三日間滞在中、三橋機長と朝まで私の部屋で飲んだことがある。彼の話をお伝えしよう。

――DC4（国内線専用機）の機長時代、梅雨の中、東京から大阪、福岡と手動操作しながら、トンボ返りをして、やっと大阪に着いた。すでに三回着陸して七時間も飛んでいる。東京の天候は悪く、俺たちにとって体力、気力の限界を超えていた。

タクシーを呼ばせて国内線宿泊所で疲れがとれるまで休むことにした。やがて島崎支店長が部屋まで入って来て、「頼むよ機長、お客さんが待合室に溢れているから」と拝む始末。三橋さんは断った。すると支店長レポートが出て問題になった。中央運航所から木本さんを団長とする数名の調査団が派遣された。しかし結論ははじめから分かっていた。

「支店長ごときが何を言う」

それから数年後、俺（三橋さん）はコンベア（中型ジェット民間輸送機）の機長として五〇一便で千歳に飛んだ。天候が悪く、空港上空で待機した。五〇三便が上に重なって待機した。その機長に、三橋さんは「俺は諦めるよ」と伝えて、先に羽田に帰った。帰途で五〇五便と松島上空ですれ違った。「お前、行っても無駄だぞ」と忠告して別れた。着陸後、羽田の運航課に聞いた。

「五〇三便と五〇五便はどうしたか？」

「着きましたよ」とケロリとしている。

それで天候を調べた。相変わらず着陸限界ぎりぎりであった。さすがにしまったと思い、江島中央運航所長に謝りに行った。

「所長、千歳に降りられないで帰って来ました」

「そうだってな、どうした」

「自信がなかったものですから」

そこで江島所長は三橋さんを見つめ、

「三橋君、やっと君は一人前になれそうだね」と言ったという。

これだけ聞くと、江島さんは極めて慎重な人のように思えるかもしれない。しかし私は、三橋さんの話を聞くまで、江島所長は豪放磊落《らいらく》な人だと思っていた。江島さんに関して、私も次のような体験を持っていたからだ。

私がコンベア機長の時、一度だけ江島さんの試験を受けたことがある。操縦席の私の右側に江島さんが座った。離陸前、滑走路に正対したところで私はゆっくり深呼吸しようとしたが、そんな悠長なことを彼は許さない。右席から勝手にパワーを入れてしまう。機関士が「出発準備が未だ完了していません」と怒鳴った。江島さんは後ろを向いて怒鳴った。

「お前やっとけ」

さかのぼってＤＣ４（大型レシプロ民間輸送機）の時代、日本全部が悪天候のとき、運航管理者が気をきかして燃料を積み過ぎて重量オーバーになってしまった。私は江島さんの副操縦士だった。運航管理者が青い顔をして「機長、どうしましょう」と尋ねた。江島さん、けろりとして、

「それなら、お客さんの二〇人も降ろせや。だけんど勤優（註：勤続優待＝社員無料搭乗）は可哀そうだから乗せておいてやれや」

営業が聞いたらどんな顔をするだろう。六四人しか乗れないＤＣ４だというのに。

その江島さんが全日空の取締役になり、技術に強い小田切さんが後を継いだ。気温一度と離陸重量との関係が路線試験で質問されるようになった。

一九六八年一一月二二日、モーゼスレーク訓練所が開所された。現地には未だ双発のB727しか配置されておらず、景気づけのため、当日限り四発のDC8をサンフランシスコから回航した。私が機長であった。がらんどうの貨物機に四席特設し、開所式が終わってその日のうちにとんぼ返りをしてサンフランシスコに帰ってきた。その四席の一つに江島さんが全日空社長代理の資格で乗っていた。サンフランシスコ到着後、彼は私を日本人街のバーに連れていってくれた。

「今来ている査察乗員は誰だ」

「尾上さんです」

「なに、尾上？　尾上が査察乗員のようでは日本航空はもう終わりだな」

私は飲むほどに悪い酒癖が出てしまう。

「江島さん、可哀想ですね」

「何が？」

「全日空なんかにいって事故を起こさないでくださいよ」

江島さんは飛び上がらんばかりに怒った。

「お前は何を言うか！　俺が全日空にいる限り、絶対に全日空に事故を起こさせん！」

その気迫の激しいこと、いっぺんに酔いが醒めてしまった。

日航機サンフランシスコ着水事故

モーゼスレーク訓練所開所の翌日、一九六八年一一月二三日。忘れもしない日本航空定期便最初のサンフランシスコ着水事故の日である。

私はサンフランシスコ空港で操縦教育をするため、訓練生とともにホテルに滞在していた。事故当日、訓練生を連れてホテルを出ようとしたら、エレベーターの中で白人の宿泊客から、たった今テレビを見たらＪＡＬがサンフランシスコ沖で墜落したと教えられた。

空港に着いて運航課の部屋に入ったら、しばらくして事故機の安倍機長が救命衣を着けたままずぶ濡れになって入ってきた。私を見て、新式の計測機について尋ねた。

この新しく購入したＤＣ８・６２型の資格拡張には私が彼の教官を務めた。私自身三カ月以上６２型に御無沙汰していただけに、新型航法計器の機能について即答はできなかった。これ程あやふやな先生に教わったのだから、生徒が墜落するのも無理はない。

６２型の教育が終わって四カ月が過ぎた。日航では、６２型は当時三機しか保有せず、せっかく資格を取得した機長も６２型に乗務する機会がほとんどなく、事故の日も、安倍機長にとっては、訓練後最初のフライトだった。彼は運が悪い。それまでも大勢の機長が、木更津を五キロ離れて飛んだとか、それに類する妙な報告がたくさん上がっていたが、天候が良かったため大事に至らなかった。ところが事故の日は濃霧だったのである。幸い死者はなかった。

この大事故にかかわらず、小田切本部長は訓練の合理化という、より一層の訓練時間の短縮にハッパをかけた。江島本部長の時は、多数の機長は資格が取れず、副操縦士をやらされた。ジェットからレシプロ（プロペラ）に戻された機長が三分の一近くもいた。だが、六八年に江島機長が全日空に移籍し、小田切本部長が昇格すると、仇名が「殺しのゴッツン」だった後藤訓練部長は、一転して何がなんでも合格させる、心のやさしい後藤訓練部長に変身していた。特に航空局の試験官が来社したときには、ゴマスリが大っぴらに要請されるようになった。

教官時代に私は後藤部長に注意された。

「君は汚職だと言っているそうだが、変なこと言いふらさないでくださいよ。こちらは会社のために一生懸命やっているのだから」

何処から洩れたのだろう。言動には注意したほうがよさそうだ。

教官の間で訓練時間短縮競争が始まった。社内査察操縦士も後藤命令による不合格競争をしなくなった。後藤部長の命令らしい。査察操縦士はモーゼスレーク訓練所に着くなり、心配そうに私たち教官に受験生の出来映えを尋ねた。「あまり成績が良くありません」と答えると憂鬱そうな顔になった。試験の最中にも教官は、査察操縦士黙認のもと受験生をこっそり助けた。局の試験官を自宅に招いて家族ぐるみの供応をした。かくして機長を含む多数の操縦士がモーゼスレーク訓練所から巣立った。

受験生は誰でも自分の能力で卒業できたと思っているらしい。しかし教官たちはそうは思っていない。受験生は教官に助けられて国家試験に合格したのだ。日本に帰れば航空局から手が離れ、日本航空独自の判断で鬼の社内査察操縦士が不合格にしてくれるだろうと期待したが、国家試験に合格した者を勿体なくて不合格にするはずがない。帰国してみるとモーゼスレーク訓練所の問題児が堂々と機長に昇格していた。

悪天候の千歳上空で、全日空の機長はあきらめてさっさと東京に引き返しているのに、日本航空の問題児機長はいつまでも空中待機して着陸の機会を窺っていた。まさにかつての日本航空と全日空は江島さんと小田切さんの交換で安全性が逆になった。

昔、社内操縦士は、飛行機の操縦ができない航空局の試験官を軽視し、思う存分のことをした。江島さんのごときは、局の某試験官が酔って現れたので、おいてきぼりにして離陸したと乗務管理課から聞いたことがある。その江島さんが全日空に移籍された。

モーゼスレーク訓練所長の苦悩

モーゼスレーク訓練所が開設されて、私は初代の教官として配属された。パイロット一期の木本さんが所長だった。私は所長室で、次長に、「今晩の局の試験官の接待は最初の日だから私がやりますよ」と告げた。聞き捨てならぬとばかりに木本所長が尋ねた。

「それどういう意味？」

「サンフランシスコでもそうでしたが、試験官が到着された晩は、教官一名と全受験者が試験官と食事を共にして顔見せ興行するのが伝統になっています。これをやらないと試験官に失礼ですし、受験者も試験当日に初めて試験官にご挨拶するようでは、上がってしまうもんですから」

木本所長は色をなした。

「そんなこと今後止めてくれよな。それでは試験に落ちる者も落ちなくなってしまう」

私は嬉しかった。未だ日本航空健在なりと。

その後、一九六九年四月、モーゼスレーク訓練所でコンベアの炎上事故が発生し、三週間近く中断した後に再開された。後藤訓練部長の命令で、各訓練生の訓練時間と成績やその他の統計表がモーゼスレーク訓練所にも保管されるようになった。小田切本部長が視察に来て、教官会議が開かれた。

「この中で一番優秀な教官は誰？」と小田切さんは質問した。

「もちろん私です」と木本所長は胸を張った。

「キモッチャン、統計表持って来なさい。おやおや、あんたずいぶん乗せているな」

「そのくらい乗せなきゃ駄目ですよ」

実際、木本さんはよく乗せた。そのくせ訓練生の試験の成績が悪い。

ある日、木本所長に「Pはパイロットではない。今後は君がやれ」と言われた。自衛隊出身のP君はAクラスの素質を持っている。不合格になるはずはない。同乗してみた。やはり私よりはうまい。

「どうしたの？」

「たとえば二つエンジンを切られて第三旋回で、飛行機の均整がとれてないと所長が注意するんです。そしたら体がすくんで、着陸のための最終旋回を忘れてしまう。『何処まで飛んでいくんだ』と怒鳴られて操縦桿を取られてしまう。飛行機の傾きは深くなるし、『最大傾斜角は何度？　最低速度は？』と矢継ぎ早に質問されるし、速度は目茶苦茶になるし、もうなにもかも分からなくなってしまいました」

一回同乗しただけで「受験ＯＫ」にした。その他の受験生全員は昨日合格して帰国の準備をしているのに。P君だけが受験生となった。雨が降る、雲が低い、横風は吹くわで試験には最悪の日だった。しかし期待したとおり彼はうまくやってくれた。局と会社の二人の試験官は「うまいね」と言うだけだった。

小田切本部長が二回目に来たときも、教官室で訓練統計の調査があった。このとき木本所長は無言であった。

一九七一年春、私が日本に帰る直前、所長室で新聞を読んでいた。木本所長がソファーで私の隣に座った。

「どうすれば訓練生を少ない時間で上手に仕上げることができるかね?」

「それはですね……」

新聞を置いて彼の顔を見て驚いた。心神喪失症の顔であった。つまり、訓練の成果がさっぱり上がらず、所長は正直なところ鬱《うつ》病になっていたのだ。

木本さんはモーゼスレーク滞在中、華やかであったが不幸であった。彼にとって訓練所長は左遷と思っていただろうし、開設早々バンクーバーで家族と休暇中に、コンベア(CV880)の離陸時における炎上事故があったし、夏には芝刈り中に指を切断するし、心臓病を患い長期入院するし、さんざんであった。しかし、この常に最高の成績を誇った名操縦士の胸によぎる本当の心労は何であったのだろう。あの開設当時の自信に満ちた木本所長と、目の前に悄然としている所長とを比較し、日本航空も終わりだなと思った。

小田切本部長の経営合理化哲学

七一年に帰国後、大磯のホテルで在京機長を集めて、三泊の管理者教育があった。最終日に小田切本部長が安全について講話した。三人の機長に安全とは何かを質問した。私は二番目に指された。答えようがない。

「それは事故がないことだと思います」

「そんなの答えにならないね」

そこで彼の安全哲学が披露された。

「安全とは三〇万時間以上、人身事故がないことだ。それ以下は危険な会社だというレッテルを貼られる。だが三〇万時間を超えたからといって自慢にならない。誰でも過剰整備、過剰訓練、過剰サービス、過剰コストをすれば五〇万時間無事故記録を達成することができる。一〇〇万時間無事故記録なんて経営者の恥ですよ。しかし、こんなこと外部で話しちゃ駄目だよ。社内限りですよ」

なるほどこの人はただの雲助じゃない。機長の頃から経営者を心がけていたのだ。並みの者とひと味違う発想を持っているわい。だが何か居心地が悪かった。当時の私たちは、手抜き訓練の教官業務に従事している真っ最中だったからだ。

手抜き訓練が必然的に事故を起こさざるを得ないと気がついたのは、連続事故の後だった。何かにつけて江島さんのあの激しい決心と対比せざるを得なかった。江島さんの行くところ事故はない。小田切さんは最後には三千時間も超えられなかった。江島さんは福の神であり、小田切さんは疫病神であった。福は外、鬼は内になった。松尾さんの明らかな人事ミスだ。松尾さんと小田切さんは同じ九大出身とか、小田切さんは全日空に嫌われたとか、いや小田切さんは政界に強いとか、いろいろな説が乱れ飛んでいた。だが私は、松尾さんの非合理な判断パターンが原因ではなかったかと疑っている。七〇年モーゼス訓練所駐在中、林機長が陣中見舞いとして『文芸春秋』をくれた。松尾さんの微笑ましい自叙伝が雑誌記者との対談で書かれていた。最後に一つ気になる記事があった。

「私の姓名は松尾静麿です。松と麿は天と地を構成し、二六画になり極めて運がよい。ごらんなさい、日本航空は創業以来無事故でしょう」。雑誌記者もさるもの、「それでは松尾さんがお辞めになると日本航空は危ないですね」。あわてたと思うが、松尾さんはその後で経営者として言ってはならないことを言ってしまった。「いや私が日本航空の社長であったということで、日本航空はいつまでも運の良い会社です」

会社にとって人事考課は、最重要な仕事のはず。科学的な分析と冷静な直感を必要とする。物好きな機長がスチュワーデスの手相を見たり、彼女たちが血液型で恋人を探すのとはわけが違う。松尾さんは自己の判断を放棄し、神がかりになって、日本航空には絶対に事故は有りえないという前提のもとに人事を決定してしまったのではないか。

パンナムの凋落

世界一安全な日本航空の威信は地に落ち始めた。社員はペットとなり、物が言えなくなった。しかし日本航空は高度経済成長という強烈な上昇気流に助けられて、世界一規模の大きい航空会社に吹き上げられてしまった。

これに反し、PA（パンアメリカン航空、略してパンナム）の凋落は惨めだ。原因として、UA（ユナイテッド）はレーガンを応援したのに、PAはカーターを推した、大統領候補の選定を誤ったと一般にいわれている。だがPAの凋落はそんな底の浅いものではない。昔、日本航空にオニールというコンベアの機関士がいた。彼は以前PAの機関士であった。

「なぜ世界一のPAを辞めたのか？」

「ＰＡでは二つの資格を要求された」

「それならもう一つの資格を取ればよかったではないか」

「当時の私の給料は七〇〇ドル。操縦士資格を取るには二〇〇〇ドルもかかる」

「ＪＡＬに入ってどう思うか？」

「ホテルに入っても勉強しないですむ」

「ＰＡではどうだったか？」

「ホテルでは勉強のしどおしだった。毎年、試験をやられた。不合格になると乗務停止になる。三カ月後の再試験に不合格になるとＰＡからグッバイされる」

そこで彼はＰＡの教科書を貸してくれた。一五章よりなり、ＰＡの歴史、航空会社の経済など航空機の運航技術とは関係の薄い教養物であった。これではホテルでは遊んでおれん。スチュワーデスも試験されたらしい。これから着陸する国が王政か共和制かも知らずに、お客様のサービスはできないと判断したのだろう。

一九五八年にＰＡは世界最初のジェット民間機運航を開始した。ＰＡ中興の祖といわれる男が社長となった。彼は機長であり、猛烈人間であった。特に乗員には教養を要請し、地上業務を兼務させ将来はＰＡの幹部となるための愛社精神を鼓吹したといわれる。

一九七二年に私は二人の教官を連れ、ＰＡのジャンボ地上練習機で八人の日本航空米人機長を教えたことがある。（註：日本航空創立時代は米人機長の力が強く、日本人乗員をいじめたが、六〇年にジェット機が導入される頃は、日本人乗員の力が強くなり、米人機長らは六二年になってやっとジェット機に乗せてもらえるようになった。）

サンフランシスコＰＡ訓練所の中は大きな写真でいっぱいだった。世界最初に太平洋に就航したクリッパー機、ベルリン封鎖におけるＰＡの活躍、世界の七つの海を支配するＰＡのジャンボ一号機など過去の栄光を称える写真が壁いっぱいに飾られている。

われわれは、パイロット一名を借りた。訓練開始にあたり、教官と地上練習機の技術者のために座学を設けた。ＪＡＬの教科書を開いてくれと言っても、彼らは持っていなかった。三週間前に羽田から送ったはずだが。案の定、訓練課長室のダンボール箱の中に入ったままだった。私の説明も余り熱心に聞いてくれない。

同じ頃、ＡＡＬ（アメリカン航空）の地上練習機も借りたことがある。そのときの説明会には訓練所職員全員が多数参加し、熱が入った。ＡＡＬの米人教官が説明に当たった。

ＰＡでの訓練が始まった。ところが米人機長の訓練生二人がホテルの私の部屋を訪れ、教官を替えてくれという。そのＰＡの教官は地上練習機を発動するや否や、後席で小説を読んでいるという。翌日私が同乗した。なるほどこれではとても日本航空の試験には合格しない。

ＡＡＬでは違った。同乗してみたところ、米人教官は、日本航空の教科書が真っ赤になるくらいアンダーラインを引いて勉強していた。

ＰＡでは訓練するために訓練課長室の前を通った。室内には上着が掛かっていたから、どこかに課長はいるに違いない。だがほとんど顔を見たことがない。私にとって教官の交換やら訓練課長に注文したいことが毎日あったが、私から文句を言われないように逃げ回っていたのではなかろうか。ところが最終日だけは顔を見せた。

「キャプテン、お願いがある。バーベキュー用のハイバチが割れてしまった。今度来るとき、立川から買ってきてくれないか」。ハイバチとは火鉢《ひばち》のことである。火鉢といっても今の若い人にはなじみの薄いものになったが、以前はこの火鉢が最もポピュラーな暖房器具だった。ただしアメリカ人は、この火鉢をバーベキュー用として使って人気があったのである。

それから一カ月後、ＰＡで訓練が再開される前日、雨の中を逗子から立川までハイバチを買いにいった。翌日、日曜日であるにもかかわらず、上機嫌で私をサンフランシスコに迎えた。かさばる火鉢を渡したらニコニコ顔。わが家に招待すると言いながら結局招待されなかった。

一方、ＡＡＬの訓練課長は毎日私のスケジュールを調べていた。訓練所に顔を出すと彼は玄関で私を待ち受けていた。「昨日の訓練はどうだった？」としつこい。今度は私が逃げる番だ。ＡＡＬにおける最終日は日本航空局の試験で、真夜中の午前二時に終わった。不幸にして米人機長の受験生の一人が不合格となった。さあ、大変だ。明日の早朝には帰国する。再びＡＡＬに顔を出す機会はない。直ちに日本に連絡しないといろいろ支障が出てくる。こんなに遅くても女性が一人、当直をしていた。残念ながら彼女には国際テレを打電する資格がないという。私がしょんぼりしていたら、彼女は何処かに電話をした。三〇分ほどして資格を持った若い男が、真夜中に呼び出されて現れた。

ＰＡのアジア地区総支配人は、私の海軍兵学校の同期生で米国籍を持っていた。心臓病でぽっくり死んだが、死ぬ一週間前に、日本航空を断念した私の娘のために、ＰＡで採用してくれぬかと頼んだところ、「昔ＰＡ、今ＪＡＬだ。ＰＡでは全員が死んだようになっている。ストも長年やれない会社になってしまった」と断られてしまった。実情はたしかに、深刻であった。

一九七二年、ＰＡ訓練所を引き揚げた帰り、羽田空港で長野機長と一緒になった。私の海軍兵学校同期の味方《あじかた》を連れ、海外出張の帰りであった。

「ＰＡから帰りました」と報告したら、彼は、

「ＰＡは素晴らしい会社だ。日本航空は百億円儲けると手放しで喜んでしまう。金の使い方を知らない。ＰＡならば、地上設備など器材を充実させる。だから次のステップで大きく飛躍する」と彼のＰＡ信仰を披露した。私はＰＡを見ての帰りだけに素直には受け取れなかった。

「私はそうは思いません。ＰＡはいつかつぶれると思います」

そこでこっそり味方に注意された。

「貴様は長野さんの青筋が見えなかったか。貴様はもう駄目だ。あいつは蛇のようにしつこいぞ」

乗員と地上職の上手な協同について

小田切本部長は取締役に昇進した。かくして悲願の乗員出身の重役が誕生した。この意味について考えよう。つまり、乗員が重役になり運行業務のトップに立つことによって、はたして事はうまく運ぶかどうかということだ。さらに事務職優先制についても検討しよう。

小田切機長が取締役になった時、会社は乗員組合をつぶし、会社のために、「健全な」第二組合を創設した直後だけに、他の取締役から凱旋将軍として歓迎されたに違いない。彼は野心家で性急であった。また、極めて自己中心的であった。他人の思惑など眼中になかった。彼の家を訪問したら、一糸まとわぬ姿で現れ、目のやり場に困った、と或る先任機関士から聞いたことがある。彼はその人格をそのまま重役としての行動に表した。会社が期待する以上の合理化を乗員に要求した。

機長が運航担当取締役になると、並みの機長は反対ができなくなる。なぜなら、反対すれば、お前はそんなこともできずに機長職が務まるのかと叱られそうだから。佐竹さんのようなグレートキャプテンですら、恐ろしくてうっかり物も言えぬとこぼしていた。この一事をもってしても、私は乗員がトップに立つことには反対だ。地上職が運航担当の本部長になると、事故は起きていない。彼らは並みの乗員の声に耳を傾けざるを得ない。なぜなら、運航についてプロではないいし、また経験則上、側近の「偉い」機長の言は信用できないから。

安部川能弘は海軍兵学校七四期、私の同期生で潜水艦乗りであった。高木養根新社長夫人の実弟である。同期生会で彼の話を聞いた。

安部川「富田という男は無能だそうだな」

信太「そんなことがあるか。彼はナンバーワンのグレートキャプテンだ」

それから半年ほどして富田本部長は解任された。突然の人事として社内を騒がせたが、私はやはり安部川の言う通りになったと思った。

時代は下って一九八三年の夏、海兵一期後輩の龍崎労務取締役と海兵同期の吉高統制部長と私の三人で新富町の料亭で食事をした。この件については後で詳しく話すが、龍崎君は「部長クラスの乗員の首をすげ替えたがあまり効果が上がっていない」とこぼしていた。

なるほど、乗員の部長の首はかくも簡単にすげ替えられるわけだ。もともと部長程度では社内的発言力はほとんど無に等しい。だから、乗員の部長によって地上職を押さえてもらおうなどというのは空しい幻想にすぎないのだ。

私自身は地上業務をうまくやれる自信はない。乗員は、本人のためにも会社のためにも、地上業務をすべきではないと考えている。乗務手当を私が作ったから、会社から逆手にとられてしまった。アイデアだけを与えて、当時の乗員担当労務課長の龍崎君に作らせるべきであった。

すべて文民に作ってもらってうまくいった話を一つしよう。一九五〇年に朝鮮戦争が勃発した。北朝鮮は国連軍の上陸を阻止するため、多数のソ連製機雷を主要港に敷設した。その結果、一〇月一二日、掃海中の米艦二隻が触雷轟沈した。つづいて一〇月一七日、海上保安庁の掃海艇が触雷、瞬時にして沈没、中谷坂太郎君が死亡した。中谷君は戦後、ただ一人の戦死者として護国神社に祀られている。

極東の掃海に手を焼いていたCOMNAVFE（極東米海軍司令部）は日本海の浮流機雷の探知および掃海を海上保安庁航路啓開本部に命じた。私は当時、海上保安庁に勤務していた。ヘリコプターを必要なだけ貸与するから機数を計算せよとの米軍の指令だった。飛行機乗りは私一人だったので、私に計算を命じられた。弱った。頭の中は空っぽ。あなたならどうします？　私はこんな時は迷わず、神頼み、人頼み。

日本海の海図と航海用具を持って、中学の先輩で東大理学部の副手をやっていたかみそりのビッコさんを訪れた。炬燵にあたって、遅れ餅をご馳走になった。一回だけ質問を受けた。人間の視認角度は何度か?と。幸い私は海兵時代の教育を覚えていた。「一分です」。それから三時間ばかり待たされた。かなり厚いレポート用紙に計算が一杯。私にはちんぷんかんぷんであった。答えだけはわかった。九六機だった。

翌日、田村本部長に提出し、英訳されてCOMNAVFEに送付された。数日して上機嫌の本部長に呼ばれた。「COMNAVFEは九六機全部貸与するそうだ。ミスター田村は良い部下を持っていると褒められたよ」

ところがそれ以後、大蔵、通産の反対があり、自民党からも警官にピストルも持たせていないのに、ヘリコプターとは物騒なということで、いかなる計算か知らないが一〇機に削られてしまった。

その翌五一年の秋だかに、糸永、長野さんが初めて茂原でセスナーに乗り、「日本の空を回復」したと日本航空二〇年史に記してあるが、どっこいそれより半年前、しかも国家機関が堂々と一〇機のヘリコプターの訓練を館山で開始していた。五二年頃、海上保安庁出身の安田さんたちがこのヘリコプターで練習している。中学先輩のビッコさんには、本部長を通じ、長官から感謝状が授与された。

次に、文民との共同作業の話をしよう。五三年、海上警備隊（海上自衛隊の前身）最初の座学が横須賀総監部で開始された。昼食後私は二段ベッドの上で昼寝した。寝室の隅で二佐（旧海軍でいえば中佐に当たる）が一人、貸与されたばかりの金筋三本の制服を着て鏡に写していた。そこで私は、見てはならないものを見てしまった。彼はさめざめと涙を流した。敗戦の屈辱を舐めた彼にとって海軍士官の制服着用は信じられないほどの喜びであったのだろう。私は見つからないようにそっと身をひそめた。

横須賀での座学終了後の最初の任地は舞鶴の練習隊であった。四〇人ばかりの練習生を集め制服を渡した。彼らは包装紙を開いた。その時の彼らの悲鳴にも似た叫び声を忘れることはできない。

「あれ、なんじゃこれは！」

女学生のセーラー服だった。彼らは海上保安庁と同じマドロスさんを想像していたに違いない。

「相当にギャップがあるようです」

と翌日、朝食を食べながら司令に報告した。

「若者の心を知らなければ、われわれ戦前派では教育ができません」

「どうしたらよいか？」

「アンケートが良いと思います」

「作ってみよ」

ということで、とんでもない藪蛇になってしまった。

またしても頭の中は空っぽ。大阪大学の心理学教室を訪ねた。教授が五人の若い人を貸してくれ、プロジェクトチームを作ってくれた。夕方に教授が現れ、アンケートをチェックした。

「この問いは誰が作りましたか?」

「信太さんです」

「このアンケートはこの一問に尽きます。帰属する集団のアイデンティティに誇りを持てない集団は駄目集団です」

この一問は何かって? 答えは簡単。

「あなたは制服を着て、平気で街を歩けますか?」

気の毒に、それ以後、海上自衛隊の練習生は、上陸時制服着用が義務づけられ、現在に至っている。アンケートは入隊時、今でも実施しているそうな。やはり自分が作るより、文民に権威づけてもらうほうが長持ちするようだ。

この意味で私は文民をコントロールすることに賛成である。「だからこそ文民の上に乗員が君臨するのだ」という声が聞こえそうだが、そのような短絡的な発想しかできないところに喜劇が始まる。

私が言うコントロールは三権分立のようなものだ。文民と乗員が独立して相互にコントロールすることを意味し、支配とは無縁のものである。文民と並列に仲良く仕事をすればよい。並列回路が閉じて始めて電流が通じる機構にすればよい。過去にも文民と乗員が並列になった委員会形式の機構が存在したではないか。さらに文民側も、運航管理部を改めて運航サービス部にした方がよさそうだ。

結論から言って、乗員が物欲しそうに地上職から椅子を取り上げることは百害あって一利ない。そんなことをするから、地上職を反乗員にするのだ。乗員がストライキをして、せっかく自分たちが集めたお客様を散らし、ハイヤーにふんぞり返っているのを見ると憎しみが湧いてくるだろう。しかしストライキは彼らにとって給料を下げられる等の実害があるわけではない。

地上職は子供の時から、社会に出てより良い椅子に座るために、家族ぐるみの応援を得て高学歴を獲得した。彼らにとっての椅子は、生命の次に大切なものである。その椅子をそんなに勉強もしていない乗員が奪ってしまう。それが一番頭にくるのだ。これは私の想像ではない。多数の地上職から直接聞いた恨み節である。

だから私は思う。「私たち乗員は、あなたがたの椅子に野心はない。その代わり、運航に関しては乗員の言うことを良く聞いてくれ。乗員の労務問題には口を出すな。お互い仲良くやりましょう」と宣言したらどうだろう。

威張り弁について

コマンダビリティ（統率力）はわれわれ機長にとって必要な能力だと教えられている。かなり前の話であるが、沖縄の運航課の部屋で機長三人が偶然集まった。他の二人の会話を聞いて失望した。あまりにも一人が威張り、他の一人がヘイコラしていたからである。「どうかね」「はっ、今度は……であります」調であった。二人とも出身が違うから、先輩、後輩の関係ではない。

威張っている者は、尊敬あるいは畏敬されていると思っているから滑稽になる。これは送迎車の運転手から聞いた話である。「地上職の方たちも大変ですね。この前、部長さんと課長さんをお乗せしました。課長さんは部長さんにヘイコラして『私がこのようになれたのは、ひとえに部長のお蔭です』と気の毒なばかりでした。途中で部長宅でお送りする時も、いじらしいほど献身的でした。それが部長をお送りして発車するや否や『おい運転手、あの野郎はとんでもない野郎なんだ。どこの誰様かわからぬような面《つら》をして、威張りくさる』と急変するんです。少し酔っておられたようですが、容易なものではありませんね」

およそ日本語で威張り弁ほどダサイな方言はない。機長でも、威張らなければ統率力がないと勘違いしている者が大勢いる。私は副操縦士、機関士と対等かつ友好的で要領の良い者を満点、威張って要領の悪い者を零点と統率力の評価の基準にしていた。威張りたいからこそゴマをすって椅子が欲しくなる。こんな、社会を暗くする威張り弁を先ず身の回りから追放しようではありませんか。

III

私が見た腐敗の実態

社員が社員を接待する!

一九五九年三月、日本航空に入社して間もなく、私は羽田訓練所で初等練習機ビーチの訓練を全部終了した。ある日、訓練所の要請で、松井教官の副操縦士として瀬戸内海を飛ぶDC4を撮影するビーチに乗ることになった。機内には新東宝の監督一名、カメラマン三名と日航の若い広報課一名の計五名が乗り込んだ。

ぶじ撮影が終わり、福岡に着いてからのことである。

夕方、広報課員(Yとしておこう)は、外車のハイヤー三台で松井教官と私を含む一同を豪華な料亭に誘った。私はまだ訓練生で条件つき採用の身分なので、料亭では最下席に座ろうとした。ところがYは私を上席に引き立て、松井教官の隣に座らせた。松井教官の隣には福岡支店長、私の隣には次長と約一〇人ほどが並び、数名の芸者がついた。新東宝は監督が一人だけ招かれ、主賓と思いきや、末席に座らされた。たいそうなご馳走になり、芸者遊びに打ち興じた。お開きになってから、待たせてあった高級車に乗り、支店長が全員を福岡市内の最高のキャバレーに連れていってくれた。三次会は次長が福岡で一番の美人のママさんがいる高級クラブに案内した。

ホテルに帰ったのは一二時近かった。そのホテルに海軍兵学校先輩の岸川機長らが宿泊しているのを私は知っていた。岸川さんの部屋をノックしたら、相部屋の村田副操縦士が出てきた。湯上がりの岸川さんは上機嫌で「君が日航に入社したのは知っていた。そして今日、福岡に来ていたのも知っていた。だから今晩は美人のスチュワーデス二人を連れて皆で食事をしようと張り切っておったんじゃ」と相変わらずの長崎弁で私を迎えた。私は一部始終を話した。岸川さんは「そぎゃんとこは、日本航空の機長は一生かかっても行けんぞ」と目を丸くした。彼は佐世保出身で、乗員になる前は日航の福岡支店勤務であった。

朝食はYの奨めにより、会社負担で最高級の洋食をホテルの自室に運んでもらった。こんなものを部屋で食べるべきではない。品のよい五〇歳がらみの食事係と若い補佐が、一人の私につきっきり。食器には全部蓋が付いている。自衛隊員とは違って、日本航空の乗員は大切にされているなと感心した。

午後出発前、ターミナルでお土産を買おうとしたら、Yが現れ「お土産は飛行機に積んでありま す」と告げられた。なんたる面倒見のよさ。出発にあたり操縦室を見ると、ビーチ訓練機の中には、今に換算すれば、一人当たり一万円以上の銘菓が用意されていた。コカコーラが一カートンあった。何処から手に入れたのだろう。当時コカコーラは敗戦国民の飲めない禁断のジュースだった。松井教官は「全部で二〇万円はかかったね」と話した。日本航空では社員が社員を接待するのか？　自衛隊なら手が後ろに回る。小さな会社なら潰れるだろう。

次の週からＤＣ４の見習い乗務が始まった。機長から夕食は一緒だと言われぎくりとした。朝食ですら五五〇円なのに、夕食は幾らかかるかわからない。心配は無用だった。ホテルの前の屋台で三五円で済んだ。

視察の名目でフロリダの娘に会いに来た整備本部長

一九七三年に米人機長八名を連れ、テキサス州のダラス空港にあるＡＡＬ（アメリカンエアライン）の地上練習機を借りて訓練したことがある。ある日、支店長から荒井運航・整備本部長が来られるので、飛行場まで出迎えるように言われた。三時間ばかり滞在の後、サンフランシスコに帰る由であった。

彼は小柄だが体格の良い人であった。私は本部長に旅行の目的を尋ねた。二度とも咳払いで誤魔化された。私としては直属の本部長であり、たとえ一〇分間でもわれわれの訓練を見てもらいたかった。そこで随行の藤山統制室長に尋ねた。

「旅行の目的は？」↓「東部の飛行場の安全視察」

「何日間？」↓「一〇日間」

「何処を視察したか？」↓「ニューヨークなど」

私は抗議した。このダラス空港がオープンしたのはその日より一週間前の七三年二月六日であった。当飛行場は超音速民間機を予想した二一世紀の飛行場である。面積は成田の一三倍。飛行場当局者によれば、世界の飛行場は必ずダラス空港を模倣するとの自信作だ。

「なぜフロリダのごときボロ飛行場に一週間もかけ、この飛行場に三時間しか滞在しないのか？」

藤山室長は急に声を落として

「大きい声では言えないけど、お嬢さんがフロリダにいる」

「あなたたちはどうしていたか？」

「私たちはモテルに泊まった」

呆れた奴等だ。運航・整備本部長である荒井専務の真の旅行目的は、フロリダに住むお嬢さんの家に泊まり、家族と短時日でも一緒に生活することだったのだ。フロリダは日本航空とは何の関係もない。随行者は社用のため、ニューヨークやフロリダの空港施設を視察すると装うだけ。

随行者は藤山室長と米州運航部長のスタン青柳の二人であった。八台ばかりの車を連ね、管理本部を訪ね、ダラス空港はいかにしてできたかという三〇分ものの映画を見た。終わると素晴らしい金髪の案内ガールが「エンジョイしたか？」と会議室の電灯を点けた。飛行場長に対する儀礼訪問はなかった。そのまま管制塔を見学した。私が主任に本部長を紹介した。主任は大喜びで丁重に説明した。しかし本部長はうわの空。英語も私と同じ程度で恥ずかしい思いをした。

アメリカンエアラインの貴賓室に、日航職員が参集した。今度は日本人ばかりなので、本部長は最高のソファーにふんぞり返った。スタン青柳が「専務さん、私たちの事務所は狭くて汚い。白人が来ると恥ずかしいから何とかしてくれませんか」と陳情した。

私はたしなめる意味で「青柳さん、日本航空の職員は安月給で頑張っているんです。事務所の狭い汚いは二の次ではありませんか」と水を差した。

専務は私を見て「乗員の給料以外はな」と嫌味を言った。本来なら私は引っ込んでいたろう。しかし公用という名目で一〇日も会社をさぼり、おまけに部長待遇にある要職二人を鞄持ちとして連れ歩く彼には我慢ができなかった。

支店長の報告の後、私の番になった。

「本部長、私は八名の米人機長にジャンボを教えています。あの下手糞たちが合格した途端にわれわれの二倍の給料をもらうかと思うと頭にきますよ」

彼は不愉快な顔をした。

「現在まで一一五時間の訓練時間を消化しました。アメリカンエアラインの整備能力はたいしたもので、ロスタイムはたったの一五分、それもコーヒーを飲む休憩時間に修理しています。日本航空では、本部長のご存じのとおり外注の結果、四七％の稼働率しかありません。日本航空も会社の整備部にやらせたらどうですか。最初はもたつくでしょうが、必ずやってくれると思います」

しかし彼は賛成しなかった。

「お前、技術が違うよ」

「えっ？」

「技術が違うと言ってるんだよ」

「専務さん、お言葉を返すようですが、私は日本航空の整備部の能力は世界一だと思います。この信頼がなければ飛行機なんか飛べませんよ」

「何言ってんだお前、それはソフトだろう。ハードはそんなものではないぞ」

おおっ、哀れな日本航空！　こんな男が専務になれるとは。私だって地上訓練機のスタートボタンを押すことしか知らない。しかし松尾社長でないが、不祥私は、「一隅を照らす光」である。荒井専務は「問題点は何処にあるのか？」と私の職責ぐらい尊重したらどうだろう。

三時間の視察時間なので、忽ち出発時間は近づいた。

「おい、藤山君、先ほどのパンフレット持っているな？」

「はい、ここにございます」と彼は金髪のガイドからもらったパンフレットをカバンから出して見せた。

「お前、それを失くしたら、此処に来たことにならんぞ」

荒井専務は一九七〇年、極左の赤軍派が日航機「よど号」をハイジャックして韓国に乗客を降ろしたあと北朝鮮に亡命した「よど号事件」の後、警察庁から日本航空に送り込まれた元警視総監で、佐藤内閣汚職の時、彼をお目こぼしにした論功行賞人事だと、もっぱら言われている人物だった。

銀座のクラブにて

高木社長の義理の弟、安部川は羽振りがよい。海軍兵学校の六〇六分隊会が終わると、七四期生だけを銀座のクラブに連れていってくれた。私の両隣に美人のホステスが座った。「おい、Mちゃん、こいつ日本航空のパイロットだよ」

「あらそうお、じゃあ、あの人たち知ってる?」

彼女らが指さすのは日本航空の職員たちであった。この店の客の三分の一は我が社の社員らしい。本来ならこんな遅くまで会社のため「ご苦労様です」と言いたいところだが、私はそのように素直になれなくなっていた。一人で二人の美女を侍《はべ》らせてボトルをがぶ飲みしている奴もいる。私はホステスに踊りながら尋ねた。

「あのボトル一本いくら？」

「八万円よ」

シドニーで上記の話を同乗した乗員たちにした。福岡出身の副操縦士いわく、

「あそこには行けませんよ」

あそことは私のビーチ訓練機時代、若き広報課員Yに連れられて行った料亭のことである。

「あそこは山と鉄の行くところです。山は三井鉱山、鉄は新日本製鉄です」

なるほどそれでは日本航空の機長では一生かかっても行けないはずだ。さらに彼は付け加えた。

「一〇年前には荒井専務、アメリカンエアラインを利用していたんですね。私たちの時にはナパ訓練所を利用していましたよ」

なるほどうまいことを考えたものだ。ＪＡＬ便でサンフランシスコに着くと、ナパ訓練所の所長が車で迎えに来る。ナパ到着後、形ばかりに訓練所を視察して、ご夫妻一行を囲んで昼食会。終わって小型ジェット練習機でフロリダに直行する。その副操縦士は航法訓練という名目で、練習機を操縦したそうだ。一週間後の帰りには、他の仲間が、孫までを含む専務ご一家をフロリダ空港でピックアップし、ナパではなく、シスコに直行したそうだ。

私が見たのは氷山のほんの一角に過ぎない。大商店の女房は旦那が浮気しても目をつぶるのが美徳だと言われている。しかしちょっと違うような気がする。女房自身が浮気をしたいがために、旦那の浮気を喜んでいるような気配があるのと違うか？　まっとうな会社では考えられないようなことが、半官半民で出発した親方日の丸の日本航空では、水面下でおおっぴらに行われてきたようだ。

かかる上司が部下を勤務評定したらどういうことになるのか。Aは積極的に便宜を計ってくれる者、Cは自己を弾劾する危険分子、Bは知らんぷりしてくれる者ということになる。これでは正直者は馬鹿を見る。

運航乗員組合や客室乗員組合が一日でもストをやると、貴様らは会社を潰す気かと息巻く奴が必ずいる。しかし彼らは、ストの実害と腐敗の温床で失われる実害とどちらが大きいか、秤《はかり》にかけたことがあるのだろうか。彼らの品格では腐敗の温床の実害を見たとしても知らんぷりするだろうが。

Ⅳ

機長会で考えたこと

香港支店長との対談

一九七三年の元日に香港行き最終便を飛んだ。操縦室の三人でささやかな新年会をやろうということになった。ホテルの食堂で待つこと一五分、やっと二人が現れた。

「何やってたの？　間もなく閉店になるよ」

「制服で酒を飲むとうるさいものですから」

「誰が？」

「日航の職員です」

「誰もいないじゃない？」

「中国人の職員も動員してチェックしているらしんです」

翌日、運航管理課に聞いた。

「あなたたちは、ホテルの食堂でスパイを使っているらしいね」

唐突で驚いたようだが、彼は意味を理解した。

「どうも日本航空は、近ごろ変な会社になってしまって」

彼は話せば分かる。

翌日の午後、飛行機に乗って上着を脱ぎ、操縦席に着こうとしたら、山上支店次長が「明けましておめでとうございます」と言って入ってきた。

「あなたたちはスパイを使っているらしいね」

と再び私は切り出した。

「それでは機長、制服を着て、酒を飲まれたのですか？　困りますね。Aさんという日本航空の大切なお客様が、制服着用のまま酒を飲んでいる乗員を二度も見つけ、田中前支店長に、『これだから日本航空は事故を起こす』と厳重にお灸をすえられた。それ以来、制服着用の飲酒は香港では御法度《ごはっと》なんです」

「そのAさんとやらは、何回日本航空を利用したの？」

と私は尋ねた。

「三〇回以上です」

「たった三〇回か、そんなお客さん、これ以上乗せないように支店長に伝えてよ。また一週間後に来るし、田中にも話しておく」ということで、御降機願った。すこし彼は酒臭かったが、一月二日であるし、おお目に見てやった。

逗子の自宅に帰ってから間もなく「貴様は山上にショック療法を施したらしいな」という海軍兵学校同期生の田中から電話があった。「松の内は、女房たちを里帰りさせている。居間を改造して広くなった」ということで葉山の彼の自宅を訪れた。

彼は香港支店長時代、会社労務担当の重役たちが最も恐れる丸山機長と長時間にわたり話をしている。従ってわかりが早い。

「よくわかった。しかし今は菅野が支店長だ。彼と十分に話してくれ」ということで別れた。

翌週、香港に飛んですぐ、菅野支店長が山上次長を連れて、香港プラザーホテルの私の部屋を訪ねてきた。支店長は大体の経緯は山上次長から聞いていた。

それで私は次のように話した。

私はＤＨ中（デッドヘッド中。乗客として搭乗することをいう）の乗員に、私服を強制する航空会社については聞いたことがない。全日空や東亜国内航空でも、日本航空をＤＨ（非番乗務）で利用する時、制服着用のままだ。私たちも世界一安全な航空会社であった時代は、ＤＨ中に堂々と制服を着用し、ファーストクラスで、当日勤務がないときにはお客様と全く同様、シャンペンから始まってフルコースのサービスを受けていた。制服の着用は、社員に誇りを持たせる意味もあるのだ、と私の経験を話してやった。

これは九四七便（成田～グアム間）の話だが、ファーストクラスにドイツのルフトハンザ航空の乗員が数名乗っていた。挨拶に行くと、ドイツ人の機長が隣席の女性パーサーを、マイ・ワイフと紹介した。からかわないで良かった。先進国の航空会社ではどこの会社でもたくさんのスチュワーデスがパイロットと結婚している。そして結婚後の勤務では同乗させるのが普通であるが、日本航空は夫婦を同乗させない。先進国の航空会社で、夫婦を分けて乗務させる会社は、日本航空以外にないと、米人機長にフライト中に教えてもらった。

ドイツ人の機長夫人の話によると、午前七時にシベリア回りで成田に着き、午前九時発の九四七便に搭乗し四日間の成田滞在中、三日間グアム島で日光浴をするそうだ。会社負担の無賃搭乗のくせに、ファーストクラスに乗る。よその会社の酒を金も払わずガブガブ飲む。肩章くらい外せばいいのに、休養中とはいえ、機内で制服のまま、酒を飲んでいる。しかも、ルフトハンザの事故は、聞いたことがない。あなたはこれをなんと考えるかと質問した。

あるいはまた、支店長らにこんな例もあると話した。

成田に着陸して、税関で検査を待っていたらノースウエストの乗員が後から到着した。すでに彼らの荷物は、税関の前の一カ所にまとめてある。検査が終わると、地上職がポーターに全乗員の荷物を運ばせている。ノースウエストの地上職に聞いたら、チップは会社負担という。ここまでしてくれとは言わないが、日本航空では、わざわざ乗員の荷物を最後に出す。だからよれよれのシャツを着て、疲れた顔を長時間、お客様の前にさらさなければならなくなる。こんなわけで、日本航空の乗員は、みんなストレスが溜まっている。このストレスが事故やストライキの遠因になっている。

制服での飲酒を忠告した大切なお客様のAさんは、未だ世界の航空会社を余り利用したことがない内弁慶ではないのか。Aさんが考えるほど、日本航空の事故は単純なものではない。知ったかぶりをする客は日本航空のためにならない。この一人のため、六千人の乗員は、どうしてわれわれを世界の航空会社並みに扱ってくれないのかと、会社を恨んでしまう。

乗員にDH中に私服を着用させる趣旨は、ご苦労さま、私服でゆっくりおくつろぎくださいというのではなかろう。制服を着用して大きな顔をするなという意味がホンネではないか。こんなところにも、近ごろ、日本航空は変な会社になったと言われる理由があるのではないか。

Aさんは、日本航空の乗員はたるんでいると言ったという。とんでもない。日本航空の乗員は、実力がないのではない。世界一の実力だが、実力を出し切れないでいる。管理が厳し過ぎるからだ。みんな告げ口されないかと怯《おび》えている。

あまり長時間話したので、楽しみにしていた仲間たちとの老酒《ラオチュー》タイムを失ってしまった。それでも菅野支店長は私に抗議した。

「しかし、先ず乗員の方に姿勢を正していただき、その上で、本来の実力を出していただきたいのです」

私はいらいらした。

「あまり虫のいいことを言わないでください。姿勢を正すという言葉で乗員はびびってしまう。

姿勢が正しすぎて、みんなコチコチになっているんです」

しかし私の再抗議に対しても、彼の心が動いたとは見えなかった。

一カ月ほどして、香港到着寸前に、搭乗していた山上支店次長が着陸を見に、操縦室に入って来た。東京で会議があった帰りという。

「あんた、田中に何か言われなかった？」

「田中部長、すっかり、人間が変わってしまって、『規則なんてどうでもいい。心だ』と言うんです」

しょせん山上君には、田中の腹の太さはわからなかったらしい。

全労（第二組合）幹部から受けた抗議

昔、横浜国大の創始者が「名教自然」を唱えた。現代の如く、管理、管理とうるさい時代に、真に賞味すべき教えだと思っている。強制しては子供たちは自分で考える力を失うという意味だと私は解釈している。私も「名教自然」にあやかって、査察乗員時代、離着陸時以外、操縦室にいないように努力し、また査察乗員室でも、そのように皆さんにすすめていた。

ところが口は災いの元で、とんでもない告げ口をされたことがある。

ＤＣ８のシドニー線は週四便で、一便は一泊パターン、三便は二泊パターンであった。第一組合の客乗組合は、一泊パターンの乗務を拒否したので、このパターンは、第二組合である全労の客室乗員組合だけで編成されていた。

全労の客室乗員が食事を終わった頃、スチュワーデスに一枚の写真を見せた。第一組合の客乗組合発行による「クワラルンプール事故を偲ぶ」というパンフレットに掲載された写真だ。これは一九七七年九月二七日、ダグラスＤＣ８がクワラルンプール着陸直前に墜落。乗客・乗員七九名のうち三四名が死亡した事故である。

無惨に焼けただれた飛行機の前で、一人のスチュワーデスが跪《ひざまず》いて花束を捧げている。ところがＤＣ８の客室の窓の中から、身の毛のよだつような死に瀕する人の顔が、じぃーっと彼女を見つめている。もちろん、写真による光の悪戯だが、これを暗い機内でスチュワーデスたちに見せたら、彼女たちは、驚いてしまった。怖いもの見たさで他のスチュワーデスたちも、私にせがんだ。ただ一人、女性のパーサーが、敵意をもって私を見たが、大して気にもしなかった。

翌日、ホテルに滞在中、全労の彼女たちに、会社の労務政策により、あなたたちは地上の第二組合に吸収・合併されて、不平等な労働条件に甘んじなければならないことになると話した。

「昔、機長の給料が三倍になった。苛酷な飛行時間も大幅に緩和された。日本航空全体の従業員の給料も上がり、日本航空は世界一無事故記録を達成し、日本航空は日本で一番に入社が困難な会社になった。だがしかし、日経連から、伍堂副社長が日本航空に送り込まれ、組合は分裂し、事故は多発した。組合は分裂してはいけない。操縦室と客室の乗員は、運命共同体と言ってよい」

このように話したら、「はい、そうです。死ぬときは一緒です」との答えが返ってきた。「もちろん、その通りだ。分裂は絶対にいけないよ」と強調しておいた。

このような話をして、私たちはそれぞれの寝室に戻った。それから半月ほどして、査察乗員室で、越田室長に呼び止められた。

「こんな抗議が私宛に来ているんだけど、覚えがありますか？」

「ちょっと拝見します」と言って読んだところ、発信者は全労客室乗務員のお偉がた五人の名前がずらり。

「信太査察乗員は、乗務中であるにもかかわらず、勤務中のスチュワーデスをつかまえ、恥知らずにも客乗組合（第一組合）発行の、お化けの写真を見せて、彼らを脅かし、業務を阻害した。シドニー滞在中も、スチュワーデスたちを集め、全労支部に対しあらぬことを中傷し、名誉を傷つけた。かかる乗員が査察乗員として、またわれわれの上司として、同じ飛行機に乗務することは、われわれとしては耐え難いところです。しかるべき処置を仰ぎます」という内容であった。

越田室長は「何か言うことがある？」と念を押した。

「その通りです」と答えざるを得ない。

「しかし、文句があれば直接私に言えばいいのに。私はいつでも話し合っていいですよ」と言ったら、室長は、黙って手紙を破り、紙屑籠に捨ててしまった。抗議文を所持しても始まらないし、穏便に処理することに決めたのだろう。

そのうち無任所の機長に戻ることができた。お陰様で日本航空に入社して久しぶりに副操縦士に遠慮することなく、自分の意思で機長席に座る権利を獲得することができた。

ところで全労の幹部は、これまでして会社に保護してもらわなければ、組織を維持する自信がないのだろうか。会社のお蔭で、全労は遂に客室乗員の過半数を獲得したようだが、会社の保護が中止され、組合の自由競争が始まったら、どうするんだろう。

先の抗議文に名を連ねた五人の幹部は、組合が会社の保護を受けること、つまり組合の自主性を失うことが、どんなに恥ずべきことかを知らないのではなかろうか。恐らく、全労に好ましくない発言をした私を叩くために、私の上司に処置を仰いだという事実そのものが、会社の保護を受けたということに気がつかないのであろう。あるいはもっと進んで、会社の保護を受けること自体が会社に対する忠義だと思っているのだろうか。大切な人権である労働基本権を全く理解していないと言わざるを得ない。

再軍備亡国論について

今まで書いたことだけで、私は自衛隊出身者の半数からソッポを向かれそうな気がする（注：本書の冒頭部分で述べた通り、本文を書いた一九八〇年代の前半、日本航空には自衛隊出身のパイロットが二百名あまりいた）。その上さらに再軍備亡国論でも書くとなると、総すかんを食らいそうだ。しかし、この考え方は、私が海軍、自衛隊及び民間人として生きている間に、次第に変遷を遂げてきた思想の結論であって、嫌われようが、口を閉ざすわけにはいかない。

一九八三年一〇月に三浦地区海軍兵学校連合クラス会が、鎌倉鶴ヶ岡会館で開催された。参加者は海兵卒業の七〇期から七八期までの九六人であった。シーレーンについて古賀元海幕長が講話した。最初の黙祷の後、カラオケによる「同期の桜」が演奏され、始めから盛り上がった。古賀氏の講話の要旨は次の通りである。

……日本は海国であって、資源の大部分を海外に仰いでいる。（北半球の地図を示して、ソ連の極東における軍備を説明した後）ソ連は極めて危険な国である。しかし、ソ連以上に米国は強国で、完全にソ連を封じ込めている。米国は日本に対して極めて友好的であるが、安保のただ乗りは許されない。なぜなら、日本に自衛の意思がなければ、米国は日本を見殺しにする可能性がある。

日本にとって、米国の存在は絶対に不可欠なものであるが、米国にとっては、日本を特に必要としない。なぜなら自国のみで自給自足と繁栄が可能な国だからである。再軍備したとしても、日本は米ソ戦に巻き込まれる恐れはない。シーレーン防衛のためのコストは、国民が想像しているより遥かに安価で、GNPの二%に過ぎない。……

以下割愛するが、古賀氏は講話を終わって質問を促した。そこで発せられるわれわれ元職業軍人の質問は、古賀氏をけしかけるものばかり、海兵隊を作る構想ありやとか、世論操作に留意しているかとか。古賀氏は同志に囲まれ、終始、顔の筋肉が緩みっぱなしであった。

私は質問はしなかったが、反論は大いにあった。彼は、日本は安保ただ乗りと言うけれど、不沈空母にただ乗りしているのはアメリカではないか。ただ乗りどころか、思いやり予算を巨額に頂戴し、これを日本国防義務費と称してなんら恥じていない。思いやり予算などという法的根拠をもたぬ支援金を米軍に提供しているのは、世界に日本しかない。国辱ものだ。基地の中の駐留軍労務者の賃金すら日本に払わせている。

たくさん書きたいことがあるが、自衛隊出身者も軍備亡国論を自分の頭で考えてほしい。

一九五三年にスターリンが死んだ時、海上自衛隊の上層部はパニックになった。戦争指導者にとって、「脅威」の消滅こそが最悪の脅威なのだ。「脅威」は、それを必要とするものが努力して作るものだということに、私はその時、初めて気がつくことができた。

基本的人権と争議権

小学校時代、講談社の『少年倶楽部』は心の糧であった。特に佐藤紅緑の「ああ玉杯に花うけて」は、満天下の少年の魂を揺さぶった。

ある所に、貧しく粗野だが勉強が良くでき、体力があった悪たれ小僧がいた。同じ小学校六年の級友に、巨大な工場を持つ大富豪の子供がおり、学業・体力ともに、この悪たれ小僧のライバルであった。

富豪の子には美しい小学校四年の妹がいた。この三人の間に、小学生らしい喧嘩、そこはかとない恋の芽生え、兄弟愛があった。いろんなストーリーがあって、私たち少年の心をくすぐった。

日暮れに帰宅の途中、悪たれ小僧は、暗がりで数人の気配を感じた。耳をそばだてると、それは子供心にも、同盟罷業（ストライキ）の陰謀であることがわかった。友人の美しい妹の会社が危ないと本能的に察知し、駐在所に駆け込んだ。巡査は大富豪に注進し、この不逞の分子を一網打尽に検挙し、危うく企業を守ることができた。

その悪たれ小僧は、大富豪の家に招かれた。晩餐には美しい妹が隣に座り、その兄と仲良くなり、お父様、お母様からお褒めの言葉を戴いたという他愛のない筋であった。

だからこそこの小説は、昭和初期に育った私たちの深層心理を形成している。同盟罷業は卑劣な反社会的な行為であること。警察は不逞の労働者を検挙してくれること。企業を守るために、たれこみは正義であること。その結果、美しい女の子の尊敬をかちとることができ、自らも、うだつの上がらない労働者階級から這い上がることができること。これらのことが、少年たちの心の底に滲み込んでしまった。今でもこの種の考え方は、一部の日本人の心の中に、多かれ少なかれあるのではないか。

私は今まで冗々しく心の変遷について語った。海軍兵学校を卒業した者がストに賛成するとは何事かと叱られそうだが、海軍生活はわずかに三年に過ぎない。しかも海軍少尉で敗戦になった時は一八歳であった。そのまま四〇年間も考え方が凍結された者はほとんどいない。誰でも幼き日の教育とは無関係な、いろいろの経験を大人になってからしている。

私も今であったら、組合員の総意を無視して、龍崎君らと連絡をとり、乗務手当の改定案を手がけたりはしない。すべて苦々しい過去の思い出だ。

ここまで書くと、左翼だと思われるかも知れない。しかし私自身は中翼だと思っている。左翼の中で自らを中翼だと言う者はいないが、右翼は大抵自らを中翼だと言う。私の場合はそのような愛国心からくるものではなく、生噛《かじ》りではあるが、法律を勉強した結論である。

私は、「逆噴射」「心身症」という用語を世に広めることになった片桐君の事故に衝撃を受け、八二年から八五年まで司法試験の勉強をした。第三の人生を、弁護士になって不運な乗員と共に生きたかったからだ。逗子から成田までの通勤には、明るい横須賀線か、スカイライナーを利用した。読書のために目が激しく痙攣《けいれん》した。老眼が極度に進行した。目が駄目なら、耳ということで、二〇万円投資してカセットの受験講座を揃え、飛行中も聞いた。「キャプテン、ナウイですね」とイヤホーン姿を女性パーサーから褒められた。その結果、聴力は限界を超えてしまった。

一年半の勉強の後に受験した。生まれてこのかた試験に落ちたことはない。たかが司法試験と思ったが、まるっきり歯が立たなかった。現在の速度で進めば最短一〇年はかかる。それ以前に私は廃人になる。そう考えて諦めてしまった。法律的知識は溜まらなかったが、法的思考は少しではあるが身についた。その結論として、私は中翼だと思っている。

一九六五年までの配車室は、オペレイション・センターの裏口一階にあった。乗員組合の事務所は、通路を挟んで配車室の反対側にあり、乗員は乗務の前後に、乗員組合事務所に顔を出すのが習慣となっていた。

ところが六五年の抜き打ちストで、四人が懲戒解雇されるに及び、オペレイション・センター裏口は完全に閉鎖され、乗員組合事務所を三寸抜き竹矢来で閉ざし、すべての乗員が、組合事務所に近寄れないようにした。確かに中には薄暗い電灯がついていたから、人はいたのだろう。誰がいたのか、どうやって竹矢来をくぐったのか、私には分からない。まるで封建時代の座敷牢を思わせる暗黒労務政策の象徴であった。

反面、ここまで会社から追いつめられ、組合を目茶苦茶にした懲戒解雇四人組のやり過ぎに対して、腹立たしい気もした。最初は抵抗していた良心組の組合員も一人去り、二人去り、ついに築野、山田、丹羽、坂井の四人を除いて、全員が尾崎委員長を頭とする運航乗員組合（第二組合）に加入させられてしまった。

運航乗員組合に続き、機長全員を法的にストができない管理職にして、会社は裏に回って機長会を作ってしまった。

私は第二の敗戦を経験し、虚脱状態になっていたから、テニスに興じたりして、酔生夢死の一〇年を消光してしまった。従ってこの間、語るべきものはほとんど何も持っていない。たまま司法試験の準備中に、大六法全書をめくっていたら、日航抜き打ちスト事件が目に入り、重要な事件であることを知った。

本事件と同じページに、博多のデパートの岩田屋事件に対する福岡高裁の判決も記されていた。それは、「デパートの顧客に対するピケは、それによって顧客が心理的威圧を受け、入店購買することを諦めたとしても、違法になるわけではない。第三者たる顧客も、争議権の正当な行使としてのピケの尊重を要請される」というものである。

やっとこれで、目のウロコが取れたような気がした。そうだ、法は私が小学校時代に理解していたように、同盟罷業を悪としてとらえず、積極的に善として評価しているのか。それ以後さらに憲法を学び、労働三権（団結権、団体交渉権、争議権）は、基本的人権であることを知った。基本的人権となると、ストは社会悪という解釈は一切許されなくなる。

基本的人権は、人たる者、生まれながらに享有するといわれるけれども、一つとして安易に克《か》ち取ったものはない。昔は関所破りは晒《さら》し首になった。明治維新において日本人自らの手で、移転の自由なる基本的人権を獲得した。私の両親は、多分恋愛結婚だと思うが、質問したことはない。恋愛結婚は、きちんとした家庭にとっては恥であった。日本航空において、既婚のスチュワーデスが乗務できるようになったのは、ほんの数年前のことではなかったか。

これも、秋田銀行事件など、多くの判例の積み重ねが、日本航空労務政策を動かした一例といってよかろう。やっと配偶者選択の自由と職業選択の自由が克ち取られた。

このように基本的人権は、日本人自らの手で獲得したものも多い。この陰で多くの人たちが泣かされた涙の結晶である。しかし残念ながら、労働三権はマッカーサーによって与えられた。労働三権を基本的人権として憲法に保障している国は日本だけらしい。だから憲法を改正して削除してしまえと主張する愛国者もいないわけではない。

諸外国においては、憲法で規定していなくても、労働三権が幸福追求権の中に包含されている。日本人の法意識がそこまで到達するには、一〇〇年かかると思い、マッカーサー司令部は注意を喚起する意味で憲法に規定したのであろう。その証拠に、憲法に労働三権を規定していないどこの先進国でも、警察官にすら争議権を認めているのに、わが国においては、公務員に争議権どころか、団体交渉権すら認めていない。残念ながら労働三権は、出発点において、日本人自らが克ち取ったものではない。諸外国に五〇年遅れて、今もって生みの苦しみを続けている。

基本的人権で戦った人たちは、すべて世間から破廉恥者として迫害を受けた。関所破りは非人、自由恋愛は尻軽女、職業婦人は賤民のごとしである。現代の労働運動のため戦っている人は、会社潰《つぶ》しの汚名を着せられている。すべて個人の人権は、国家のため、社会のため、家のためという大義名分で破廉恥者の汚名を着せられ、問答無用的に排除されてきた。現代の基本的人権たる労働三権は、会社のためという大義名分で押し潰されようとしている。

破廉恥行為とは、他人の基本的人権を侵害する行為で、法律上では懲役になることが多い。過失犯や確信犯に禁錮が多いのとは対照的である。他人の労働三権の侵害は、当然に破廉恥行為に当たるが、現代の日本では反対に、会社に貢献する英雄的行為として称賛されている。

基本的人権は、行きつ戻りつ、人智の進むにつれ、絶えざる努力の下に、前進を続けている。前進があれば必ず「行き過ぎだ」との反動があって二歩後退する。しかし反動は終極的に歴史に逆らえるものではない。亡国的だと言われた女性参政権も、もはや撤回することはできない。今頃になって既婚スチュワーデスを飛行機から降ろすことはできない。

しかし人間の心は妖しく揺れ動く。頭で解っているつもりだが、心の中ではどろどろした因習が知らずに頭を持ち上げる。

戦争中に私の姉は、東大の銀時計組（天皇から恩賜《おんし》の銀時計をもらった卒業生）と結婚したが二年足らずで離婚した。一〇年後、姉は在日朝鮮人の民族解放主義者と同棲を始めた。父はそれを知り、事業の倒産と重なって憤死した。ちょうど私が自衛隊を退職する頃であった。

それから二五年、朝鮮人の連れ子の結婚式に母と私は招かれた。騒々しい結婚式であった。朝鮮の民俗衣装を着て、式場に新郎の母として参列した姉を見て、私の母は涙ぐんだ。私も暗然とした。頭では人種差別に反対しても、心の中では、家の体面を考え、姉の基本的人権を踏みにじろうとしている。ストについても同じことが言えるのではないか。少年時代に感動した「ああ玉杯に花うけて」の精神が、心の隅の何処かでうごめいているのであろうか。

機長会選挙での投票依頼について

一九八〇年度の機長会の選挙で、私はたくさんの自衛隊出身の機長に、丸山会長候補の投票依頼をした。その中の一人、M君への電話の途中に、うんともすんとも手ごたえが無くなってしまった。変だな、公衆電話でなく、家からかけているのに切れてしまったのかと思って、「聞こえますか？」と聞くと、「聞こえます」と答える。このままこちらから話すのも疲れたし、効果も上がらぬと思い、「今回の選挙についてどう思いますか？」と質問した。ところが「先輩からこのような電話をもらうなんて、まことに心外です。やってはいけないことではないでしょうか。個人的に電話して人の自由を束縛することは」とやられてしまった。疲れが、どーっと出た。

公職選挙法により、戸別訪問や署名運動が禁止されている。その趣旨は、公職選挙においては、公開演説の自由が保障されているのに、戸別訪問をして、供応・買収などの不正行為が行われるのを防止することにある。この条文については、日本でも批判がある。立候補の目的の意思表示は、何を犠牲にしても重要であり、アメリカでは、徹底的な戸別訪問が原則である。何のために立候補しているかを表明せず、候補者名だけの連呼こそ問題があるのではないか。しかし日本でも、電話による投票依頼は禁止されていない。金品の授受がなされないから。

機長会の選挙は、公職選挙ではない。立ち合い演説もやらない。戸別訪問をしたとしても、会社側のために動くなら、利益誘導も可能であろうが、反体制派の私に、供応・買収ができるわけがない。

「もし丸山君に投票してくれたら、あなたの路線試験はやんわりやってあげますよ」と私が電話したのなら、まさしくあなたの自由は、いちじるしく束縛される。ところが、そんな力は私にはない。

さらに、自由について、もう少し検討したい。事実を知って初めて人は自由の意思を決定することができる。もし、事実を隠したら詐欺に等しく、また、事実を知らなかったら、投票者としては判断の基準が与えられず、法律上では取消しや無効の問題が生じてくる。

私はM君の「休息の自由」を確かに束縛はした。しかし、M君はすでに子供ではない。誰に投票するかは、完全に彼の自由である。私としては、事実を知って、自由に意思決定してもらおうと努力しただけである。

恩を着せるわけではないが、私は電話代に何万円も消費した。それ以上に労力が大変だ。在宅の確率は二割に満たない。ところが、会社の御意向に従って電話をかけるとなると、電話代はタダになる。必要あれば運航管理部が全部配慮してくれる。しかも、電話をかければかけるほど勤務成績が良くなる。

私は、航空大学出身の宮本君の仲人をさせてもらった。彼の言葉を紹介しよう。

「今回の選挙管理委員の一人であるJ君から電話があった。『君は組織管理職の端くれであるのに、組織に弓を引く丸山候補者の世話人になるとは何ごとか。君がテヘランで着陸に失敗した後、現在の地位に君を推薦したのは私だ。ところでテヘランの件については、心配しないでもいいよ』ということだった。J君の電話は組織・組織と連呼し、まるでマフィアから電話をもらったような気がした。脅したり、すかしたり、えらくリズミカルであった。何か特別の教育を受けているのじゃないかと思った」

聞くところによると、Ｊ君のような電話のかけ方もあれば、投票を依頼するだけでなく、投票用紙まで預かってしまう厚かましい者がいるらしい。これをやられたのではたまらない。完全に投票の自由意思は剥奪されてしまう。

それについて思い出すのは、成田空港開設の直前、ＮＨＫで放送された討論会のことだ。参加者は国側が運輸大臣、空港公団総裁と他一名。反対側が副委員長と他二名。

討論が始まる前に、英国ヒースロウ空港開設についての記録映画が、一〇分ばかり放映された。それは国と地主との交渉についての記録であって、実に約三〇〇巻に収録されているという。

討論が始まって、司会者が先ず大臣に、

「成田空港の前に三里塚、その前に木更津が候補地に上がっていましたが、木更津から三里塚に変わった経緯についてお伺いしたいのですが」と尋ねると、大臣は、

「木更津なんていう話があったか？」と総裁を見る。総裁は、

「どうだったでしょうか」と答える。呆れた話だ。これほど重要な事務を引き継がないで、漠然と地位についている。

司会者が総裁に、

「日本では、国と地主との交渉経過を記録に取ってありますか？」と尋ねると、

「交渉の結果の記録はありますが、経過については、記録を取っていません」と答える。英国とは、どえらい違いではないか。

契約こそ文明の尺度だが、白人から見ると、日本人の権利意識は、どう見ても後進国にしか見えないのではないか。不動産を購入する場合、登記することだけが、やっと日本人の間で定着してきたが……。

成田周辺の土地を収用した際にも、自らの自由意思で契約をやっていない者が多勢いるようだ。法に暗い婆さんの家に、村の小ボスが訪ねてきて、「婆さんや、俺が責任取るからよ、悪いこと言わん、判コ押しなよ」と契約書に署名させる。始めからこの村の悪党は、婆さんに責任を取る意思はない。ただ、村会議員に票集めの責任を取って、いい顔をしたいだけ。

村会議員は県会議員に、県会議員は陣笠の国会議員に、陣笠は派閥のボスに責任を取って、よりたくさんの選挙資金を頂戴しようとする。これが後進国日本の、民主主義のピラミッド構造のような気がしてならない。

私は想像して言っているのではない。フライトの前後に、成田日航ホテル近くを散歩して、野良で働いている婆さんから直接聞いた話である。彼女は、民生委員を信用して、坪三〇〇円で、先祖伝来の土地を売ってしまったそうだ。民生委員といい、機長会長候補者の投票用紙を預かったグループリーダーといい、精神構造はそっくりである。

人を説得する際に、真の民主主義を強調する人が多い。その人の民主主義が、本物か偽物かをチェックする簡単な方法を考えた。それは、「彼が民主主義を主張した場合、彼の上司が喜ぶか否か」をチェックすることだ。もし喜びそうなら、それは労働組合法七条三項（労働組合に対する支配・介入の禁止）違反の疑いが極めて濃い。

谷脇委員長を首班とする執行部打倒の四人組によるクーデターが、選挙によらず多数決の原理に違反するとして弾劾する組合員の考えは必ずしも正しくない。

組合の要求もしない乗務手当の改定を、会社は一方的に組合に押しつけ、執行部も組合員になんら知らせることなく、会社に合意しようとした。この非民主的メカニズムに対し、四人組は非常手段に訴え、民主主義の回復をしようとしたところに、あのクーデターの本質があったと私は解している。

運航乗員組合（第二組合）の出発点が伍堂副社長、小田切本部長の命令から出ている以上、どんなに多数決のルールに従った選挙をしたとしても、非民主的の烙印を押されることは免れない。

龍崎労務担当取締役との対話

八二年の夏、海軍兵学校一期後輩の龍崎君が個人的にぜひ会いたいということで、銀座新富町の料亭で夕食を共にしたことがある。帰りしなに彼の話したところによると、その料亭は、彼らが全労を作ったときのアジトらしい。会食には私と海兵同期の田中茂信統制部長が同席した。部長クラスの首を全部すげ替えたが、余り効果が上がっていない点を、彼がこぼした点については前述した。組合は相変わらず抵抗していると言う。確かに労使関係がうまくいかず、人材のいないことは、会社にとっても悩みの種らしい。田中はすまして言った。

「龍崎さん、運航本部長は丸山君をおいて、誰も適格者はおらんでしょうな」

これには龍崎君がびっくりした。

「田中さん、本気でそんなことをお考えですか?」

田中は香港支店長時代、バンコクから成田直行便を香港に緊急着陸させ、溢れた乗客を乗せたことで、乗員には評判が悪い。そのとき私は彼にクレームをつけた。

「たかが三百人の乗客の便宜のために、五千人の乗員の勤労意欲を阻害する気か。昔、兵学校時代、統率学で教わっただろう。仕事が終わった後に、ついでの仕事を命令をしてはならないと。もう少し人を使う時には慎重にやれ」

彼は素直にうなずいた。意地を張らない腹の太さが彼にはある。

丸山君たちは、一〇年前から乗員のみによる私設野球団を作り、中国の広東で親善野球を毎年行っている。当初、会社は、憎き丸山が率いるということで、容易に休暇を取らせなかったらしい。しかし最近では、一〇〇％応援しますとプロポーズして、逆に丸山君から、四九％以上の援助はまかりならんと断られている。

西鉄元監督の稲尾鉄腕投手は、一九五八年日本シリーズで三連敗の後、四連勝して「神様、仏様、稲尾様」と言われたが、この日航乗務員の野球団結成の当初から、必ず丸山君にくっついてくる。男の中の男に惚れられる男なんて最高だね。

会社が冷たい頃、田中は香港の自宅にこの選手団を招待し自弁で大歓迎をした。その時、田中・丸山は相当に激論までして大事な話をしている。そして男どうしの心が触れ合った。

田中のお陰で、話がしやすくなった。

「龍崎さん、あなたたちは悔しいでしょう。『お客様は神様』ですと血の出るような思いでお客様を集めると、乗員は事故を起こして散らしてしまう。乗員部長ともあろうものが、つまらぬ規則も知らないで、飛行機を壊してしまう。酒を飲んで飛行機を操縦するやら、挙句の果てに、正気を失った者が飛行機を墜落させてしまう（片桐事故）。こんなひどい乗員は、世界の何処にいるかとお考えでしょう」と誘いを入れてみた。

「実はそうなんです。その点を今日はじっくりお伺いしたくて」と彼は乗ってきた。

「それなら、あなたがたは、世界中の乗員の生態を見たことがありますか？　日本航空の米人機長を見たと思われるでしょうが、彼らは日本人ですよ。彼らを教え、試験したのは私たちです。

彼らは私たちの気に入るように、飛行機の操縦をしています。彼らは運航に関しては、外国人と言うことはできません」

そこで私は、米国留学中に見た外国人訓練生のこと、外国の航空会社では、飛行前はもちろん、飛行中でも酒を飲んでいること、これだけ出鱈目なパイロットが世界中に溢れているのに、彼らは日本航空のように事故を多発していないと話し、さらにジャンボの地上練習機の訓練で、UALやAALの訓練部長が「本当にこれが、一二〇〇時間しか乗っていない普通の副操縦士たちか」とJALの実力に驚嘆していたことを付け加えた。

「日本人ほど器用で、勤勉で、責任感が強く、計算が早く、小回りがきく人種がありますか？」

と私は彼の愛国心をくすぐった。

「これらの特性は全部、パイロットに要求されるのです。オリンピックを見てご覧なさい。全種目に選手を送っているのは、日米ソ以外に何処の国がありますか。世界には全部で一六七カ国あります（当時）。二〇位以内に入れば、優に世界のトップクラスですよ。音楽でも、ヨーロッパの有名なコンクールには、必ず日本人が入賞しているではありませんか。日本人のパイロットのうちどうしようもない札付きのお粗末でも、四等国に行けば、国宝クラスの名パイロットになれます。断っておきますけど、飛行機は日本人とアメリカ人だけで運航されているわけではありません。国名さえ聞いたことのない小国のパイロットが、今日も世界の空を無事故で飛んでいます。日本航空のパイロットはだらしないなんて言うと、あなたたち、罰があたりますよ」

これには、龍崎君、参った。私は更にたたみかけた。

「しかしそれでも、日本航空は危険な会社です。何故だかわかりますか？　安全が第一になっていないからです。社員は口では安全第一と言う。社長命令で、全員が緑十字のバッジを胸に付けて得意になっている。あんなもので安全が守られれば、こんなにたやすいものはない。断っておきますが、安全は絶対ではありませんよ」

龍崎君は驚き、咎めるような顔で
「機長さんが何をおっしゃいますか」

「安全が絶対なら、飛ばなければ良い。しかしそうはいかない。飛んだ以上、何かを犠牲にして、安全を第一にするという意味ですよ。つまり安全は絶対的なものではなく、相対的なものです。だから安全第一というのです」

これに対して龍崎君、声が出なかった。

「第二、第三があるから、第一がある。日本航空では第一であってはならないものが、第一になっている。だから危険なんです」

龍崎君、これにはピンと来た。

「経済性第一ですか？」

「経済性第一なら、復原力がある。全日空をご覧なさい。事故ほど高いものはないと、彼らは気がついた。そこで彼らは安全に莫大な金を払った。今では世界でも一、二を争う安全な航空会社ではありませんか。

昔、私たちが、ユナイテッド航空の地上練習機を借りた時、緊急脱出アナウンスのスイッチのあることに感心しました。着陸に失敗して、飛行場の外に飛び出せば、機長はがっくりする。それでも勇気をしぼって日本語で着陸の失敗を謝罪し、緊急脱出のためのアナウンスはできましょう。しかし英語ではとても話す自信がありません。ユナイテッド航空の機長は、全員アメリカ人なのに、どの飛行機にも、このスイッチが付いている。日本航空の全機に新設してくれと、私は会社に要求書を提出したが、その必要なしと、冷たく蹴られてしまいました。ところがその後、全日空がこのスイッチを新設すると、慌てて日本航空も真似をしています。この全日空のように、経済を優先する会社は、安全も大切にするんです」

そこで彼は袋小路にはまってしまった。私はまた話を続けた。

「日本航空では、労務政策が第一になっている。労務政策のためには、どんなに金を使っても、多少、安全が犠牲にされても、目をつぶってしまう。だから危険だと言うのです」

彼は心外なという顔をしたが、私の言うことを聞くことに決めたようだ。

「連続事故をご覧なさい。あの時、小田切さんは、四人を解雇して、合理化を推し進めようとしました。反対したものは、永久副操縦士の烙印を押されました。小田切さんのために旗を振った者には、何らかの論功行賞を与えました。沈黙を守った従順な連中に対しては、ご褒美として機長に昇格させています。彼らは今ではベテランですが、あの時は少し早すぎました。だから事故を起こし、あのざまになったのです。結果的に、彼らこそ迷惑を受けたというべきでしょう。

アンカレジにおける米人機長の酒飲み操縦と、労務政策は、直接には関係がありません。しかし、何のために彼らを今まで雇っているのですか？　ドイツのルフトハンザ航空は、同じ敗戦国でありながら、就業四年以内に、すべての米人機長との雇用契約を解除しました。もはや、アメリカから学ぶべきものなしという理由です。

日本航空では、未だに彼らとの腐れ縁が消えていません。彼らは日本人パイロットに教えるどころか、ジェット機の操縦を、日本人教官から教わったのです。彼らは、日本人乗員の労働条件を乱していることを十分に知っている。だから最近は私たちと交際しようとしません。昔はとてもよく交際してくれました。今では彼らとは交際しなくなったので、彼らが何処で酒を飲んでいるか、現在では、私たちにつかめるはずがない。だからアンカレジの事故は起きたんです。少なくとも、ルフトハンザ航空ならあの事故を起こしていません。片桐君の事故も同じです。彼はスパイにさせられました。それで苦しんだということを乗員はみんな知っています。先ほど日本人のパイロットは世界一だと言いました。だが実は、一つ大事なことを隠しました。日本人にはとんでもない弱点がある。それは何だか分かりますか？」

「……？」

「一つは、成績にこだわりすぎることです。たかが定期試験に落ちただけで、すっかり冷静さを失ってしまう。

二つ目は、村八分になるのを恐れることです。日本航空の乗員は、皆と一緒でなければ食事のできない人が多い。片桐君は、同期生の行動を監視した結果、逆に盗聴器を恐れるようになったと言われてますよ。片桐君の持つ、日本人の二大弱点を、心ない人が突っついてしまった。片桐君も労務政策の犠牲者ではありませんか。

そもそも日本人のパイロットに成績をつけること自体がナンセンスです。訓練部や技術部は、アメリカばかりを先生にしているが、私はアフリカの会社に留学させればいいと思っています。どんなに整備能力がない会社でも、お粗末ばかりやっている乗員たちも、ちっとも悲惨な事故を起こしていません。その秘密を社員に勉強させれば、どんなに日本航空のためになるか。

私たちが新しい機長を昇格させるには、とても真剣でした。この男を機長にして本当に大丈夫だろうかと、祈るような気持ちで合格させたものです。それが何ですか、近ごろは？　昇格の面接試験には、労務課長が出しゃばって、一時間以上も、質問攻めにするそうじゃありませんか。みんな、面接試験を嘘つき大会と言ってますよ。こんなことだから、日本航空は、まだまだ危険な会社だと言われているのです」

その他にもいろんなことをお互いに話した。最後に私は注文を付けた。昔、田子勤労部長たちに注文したたと同じように。

「勤労部は、社員が勤労しやすいように努力してくださいよ」。その答えは同じであった。

「そのように、私たちは努力しているつもりです」

帰りに龍崎君は、自分の社用車を田中と私に提供して、自分は電車で帰って行った。

車の中で田中が尋ねた。

「日本航空はどうなるかね？」

私は答えた。

「どうしようもないね。俺はやり直しをしたほうがいいと思っている。ここに日本人がいる。うなるように金を持っている。海外旅行をしたがっている。飛行機がある。そうすれば自然に航空会社が新しく作られるよ。

出発点から日本航空は腐敗している。八万円のウイスキー・ボトルただ飲みの会社だ。もう一度やり直すんだね。航空局から天下りした社長たちは、何を考えているか分かるかね。彼らは来期も社長の椅子に座りたい。ただそれだけだ。損失を出したらまずいけど、片桐事故のような、これほど不名誉な事故を起こしても損はしない。日本航空は基本的には国策会社だ。事故が原因でクビになった社長はいない。

たった一つ、社長にとって命取りになるものがある。それは機長を含む乗員組合が、先進国並みの本格的なストライキをやることだ。そうしたら、日本中のすべての労働組合を強烈に刺激するだろう。空の男に続けと。それを陰の株主総会の会長である総理大臣が放任しておくわけがない。社長の首は五メートルほどすっ飛んでしまう。そのへんの事情を日本航空の社長になる人たちはみんな知っている。だから安全第一でなく、労務政策第一になる」

変わりゆく機長会

七九年度と八二年度の二回、機長会年次総会で、私は議長にさせられた。その時に気がついたことを少し。

機長会が世話をしてくれる保険について、三田副会長がかなり詳しく、また解りやすく説明してくれた。ところが機長に昇格した四人組の一人丸山理事が、薄い髪の頭を掻き掻き「議長」と言って手を上げた。ところが笑いながら話す彼の発言の内容はきつ過ぎた。

「ただ今の三田副会長の発言は、全部取り消してください。それは理事会において、決まっていないことです」

彼はまた笑いながら着席してしまった。

かくして、すべて依らしむべし、知らしむべからずという、機長会における実力者政治の崩壊が始まった。六五年の分裂以来、第二組合である運航乗員組合にせよ、機長会にせよ、諸活動は、組合員や会員の目の届かぬ所で、委員長、会長あるいは黒幕を中心に運営されてきた。その慣習が何年も続いてきた。それを許さないという。

如何に結果が良くても、交渉の経過を一般乗員に知らせず、成果だけを持って帰り、ハイハイと言わせるのは、もうたくさんだという気持ちが丸山君の根本思想だろう。

千歳空港着陸時の些細な過失で、堀内部長は八重罰を受けたと言われている。気の毒だということで、理事会の決定により、堀内機長に七〇万円お貸ししてはどうかという提案があった。

全員賛成するかと思ったら、自衛隊出身の湯沢機長だけが反対した。今時のグレートキャプテンで、七〇万円ばかりの金に困る者はいない。あまり恩着せがましいことをするなというご意見だ。まさしくその通り、子供へのプレゼントじゃあるまいし。

しかし、議長としての私は、決を取らなければならない。えい面倒臭い。「多数決では如何」とやったら、丸山理事から叱られてしまった。

「全員一致が必要です」

「資金を援助するという意味より、機長会は八重罰に不満だという意思表示の意味があるとしたらどうだろう」と提案したら、湯沢機長も賛成してくれ、めでたく全員一致になった。

もはやクーデターの結果、谷脇執行部を崩壊させた時の丸山君ではない。彼はずいぶん苦労した。そのお陰で、私たち機長はたくさんのメリットを頂戴した。だがその代償として、機長は管理職にさせられ、労働者の権利を奪われた。

ただ今、機長が労働組合法に基づいて新しく組合を作るという機長統一問題は、かなり先の話になるのではないか。何故なら、全員一致を要求するから。ごたごたはこれからだ。

片桐問題と機長たち

次は最大の片桐問題に入る。ただし、問題が複雑過ぎて、簡単には解明できない。話はあちこちに飛ぶが、我慢していただきたい。

片桐機長は、七九年一二月に機長に昇格し、その後、「うつ病」として、いったん乗務を停止され、病気の治療を受けていた。が、やがて乗務再開が許可された。

八二年二月九日、東京の天気は快晴であった。羽田空港着陸寸前に乗機ＪＡ８０６１は、急激に高度を下げた。そして片桐機長はエンジンを逆噴射した。機関士の「止めてください！」の声を無視し、同機は進入灯に激突して、乗客二四名を犠牲にした。

事件直後の二月二五日、機長会主催の社長を囲む懇談会が、羽田東急ホテルで行われた。一三〇名以上の機長が広間に集まった。社長、副社長、各本部長らの説明に対して、同期生である崎川、谷田君は、「片桐は犠牲者です」と言って片桐君を擁護した。永田君は、「わが社はそんなに乗員をいじめる会社ではありません」と会社を擁護し、自衛隊出身の福井君は、「われわれ機長はもっとしっかりしましょう」と発言した。野間、桶口機長は、例のピント外れの発言した。

結果的には、どの発言に対しても、うんともすんとも反応はなかった。機長たちの表情は、硬直したままだった。あの場所で発言するのには、非常な勇気が要る。会社の提灯を持てば、大部分の機長の反感を買う。しかし下手に片桐を擁護すれば、会社側から危険人物視される。事実、崎川君は、解散後、上司に追われて一室に閉じ込められ、お灸をすえられたらしい。

しかし皆さん、よく発言してくれた。虚心でなければできることではない。会社を擁護した永田君は、一〇年前、ロサンゼルスのホテルで、乗務出発前、朝食時にウエイトレスが誤って食器を落とし、その破片が目にささって、危うく片目を失明するところであった。その彼に対し、会社は、彼の職場復帰に全力を尽くした。家族も、何回となく太平洋を横断し、入院中の手伝いをしている。その彼が、日本航空に対して、足を向けて寝ることができるか。彼は社長の前で、おべんちゃらを言ったのではない。

福井君も、「私は発言する意思はなかった。しかし、皆さんの発言を聞いていると情けなくなった。機長はもっとしっかりして、社会の期待に応えましょう」と発言したが、君には邪心がない。君の目は澄んでいる。だが、福井君、この問題は「しっかりしましょう」だけでは片付けられない、余りにも複雑な問題を包含している。

崎川君は、「機長管理職制度が始まってから、片桐の頭がおかしくなった、この制度を見直してください」と必死の勇を奮い起こして懇請した。おそらく彼の一生にとって、これほど勇気を必要とすることは再びあるまい。

君の発言に対して、社長の反応は、ちょっと妙だったと思わなかったか。社長はとぼけたのではない。図星を突かれたのだ。社長は、野間機長や、桶口機長のような的外れの発言で、懇談会がぼやけたのを利用し、

「本日は建設的なご意見をたくさん有り難うございました。これから、皆様と共に、会社の再建と名誉の挽回のため、全力を尽くしましょう」

としめくくりたかった。ところが、崎川君が機長管理職制度に噛みついたものだから、予定がすっかり狂ってしまった。これが真相だろう。

或る工場で、新型機械を導入したとしよう。その機械によって、職工が怪我をしたとする。人の命は高価だ。普通の社長なら、その機械の使用を凍結するであろう。だが、高木社長は、のっ

けから崎川君の発言を無視した。高木社長は東大しか出ていない。いわば飛行機の運航については無学者だ。崎川君は、痩せても枯れても、尊い人名を預かる機長だ。しかも片桐君の同期生だと自己紹介している。社長としては、取り巻きの機長のアドバイスを無視しても、崎川君の意見を傾聴すべきである。溺れる者は藁《わら》をもつかむ立場にいるはずではないか。にもかかわらず、何故、社長は崎川君の発言に耳を貸そうとしなかったのか。

次に片桐夫人や同僚たちは、何回も片桐君を乗務させないように、上司に陳情している。上司としては、まさかお客様を乗せて、飛び込み自殺するほど事態は深刻だと気がつかなかったかも知れない。何故なら医学的常識がないから。

しかし、医者は知っていた。それどころか、鎮静剤と興奮剤まで飲ませていた。医者にとって一円の利益にもならないのに、刑法に抵触するような馬鹿を敢えてするだろうか。

私は、乗員はしっかりする必要はないと思う。しっかりせよなんて、妙なことを言うから、妙なことになる。これまで口が酸っぱくなるほど主張した通りだ。もう少し日本人を信頼してもらいたい。日本人ほど不軌弾の少ない国民はいない（不軌弾とは、射手の意思に反してとんでもない所に飛んで行く弾丸）。敢えて比較するなら、ドイツ人が二番目か。しかし、彼らは日本人ほど器用ではない。

ＤＣ４時代、西村機長の副操縦士をしていたら、訓練生のＰという男が、見習いとして乗り込んできた。すっとんきょうな人間であった。そのときの西村機長の福岡における着陸はハードランディングであった。

「あんた、なにやってんの」

これが見習い訓練生Pの感想であった。

彼は憎めない。副操縦士に昇格するやいなや、非番の日には、毎晩のように制服を着て、蒲田のキャバレー街に出没した。支払いは会社に回ってきた。借用書のサインは全部、松尾静磨社長だったと言われている。操縦士の資格を奪われ、大阪の運航課に転属させられた。そこでも同僚から次々に借金し、遂に首が回らなくなって、何処かに姿を消してしまった。たしかにPは破天荒な男だった。だが、もしこのPのごとき男がパイロットに不向きなら、世界のパイロットの数は半減するだろう。

私の自衛官時代、ジェット機の訓練で米国留学中、外国人将校は、MSA（米国の相互安全保障法）による対外援助で、一日五ドルの給料が、毎月支給された。その給料日に、私の後ろにフィリピンの空軍大尉が並んだ。私が一五〇ドルもらうのを見ると、彼はその金を私に貸してやると言った。冗談か本気か、理解に苦しんだ。彼の説明によると、賠償が未だ解決していないからだそうだ。当時、フィリピンは、日本政府に対して、全フィリピン人が、二〇年以上遊んで暮らせる賠償を要求していたという。

私が照れ笑いすると、今度は真面目な顔をして、「何日に返すから五ドル貸せ」という。返却の約束の日に、彼の教室に行ったら、彼らはすでにアリゾナに移動した後だった。

小川二佐も、トルコの空軍少佐にやられた。「日本海軍は偉大である。我が首都には、東郷元帥の偉業を讃え、トーゴー通りがある」とおだてられ、一〇ドル貸した後にドロンされている。米留中の自衛隊員で、被害者は他にも多数いる。加害者は町のチンピラではない。その国を代表する超エリートですぞ。

世界中には、シミュレーター（地上練習機）どころか、紙レーターもない航空会社がざらにある。訓練生Pや、授業中に裸足になって、ブラインドを上げ下げしたゴンザレス候補生のようなパイロットがうようよしている。それでも、日本航空のような奇妙な事故が起きていない事実に、機長の懇談会で「もっとしっかりしよう」と発言した福井君、真剣に考えをめぐらしたことがあるか。君は真面目な性格だ。ごますりのために、社長の前で発言したのでないことは、誰でも分かっている。崎川、谷田君たちの言動に我慢ができなかったのであろう。

気骨ある機長の悲劇

次は、日本航空社員すべてご存知の牛島、平本機長の話。その前に時代的背景を簡単に整理しておこう。

六五年に伍堂副社長の総指揮で作られた第二組合の運航乗員組合も、数年足らずでがたがたになってしまった。東京都の労働委員会の裁定も懲戒解雇不当を認め、マスコミも日本航空の暗黒労務政策と騒ぎ始めた。一千名以上の運航乗員組合が、わずか八名の乗員組合（第一組合）に、復帰・統一されることに慌てた会社は、せめて機長だけでも分離しておこうとして作ったのが機長会である。当時私は、モーゼスレーク訓練所の教官で、社内のごたごたは、日本から送られてくる社報とその反対意見の組合ニュースでしか知ることはできなかった。

航空大学二期卒の村上教官に「機長会に一緒に入会しましょう」と誘ったら、

「今度、また踏み絵を踏んだら、私は地獄行きです」と断られてしまった。

機長会の性格は、当時の尾崎会長の言葉を借りれば、ＡＳＳＯＣＩＡＴＩＯＮ（アソシエーション）であった。横文字を使われると、なにやら格好が良さそうだが、法的には「権利能力なき社団」と言われるもので、ほとんど法的保護を受けられず、登記能力すら持っていない。わが自衛隊出身者のブルー・ユニフォームもＡＳＳＯＣＩＡＴＩＯＮである。

一九七〇年の夏、ついに機長管理職制度が導入された。その一二年後、片桐事故の直後、すでに取締役に昇格していた吉高の部屋に呼ばれ、田中運航部長と三人で話をしたことがある。私が吉高に、機長管理職制度なんか止めてしまえと言ったら、あれは貴様らが作ってくれといったから、作ってやったんだと反論された。そうかも知れない。だから、真実を知りたい人は、もう少し詳しく調べていただきたい。

この制度ができたお蔭で、お前たちは、もう労働者ではない、労働組合には入れないということで、会社が作った第二組合である運航乗員組合からも自動的に脱退させられてしまった。

乗務手当を管理職手当に衣替えし、経済的にも、機長会からの脱退を困難にした。

多数の機長は、村上教官のように無念の涙を飲んで、機長会加入の圧力に屈してしまった。もっとも、機長の中には、社内的発言力が増大したとか、一般乗員と差をつけてもらったとか言って、喜んだ人も多数いたことは事実である。

そうした中で、たった二人の機長が、最後まで機長管理職制度に反対した。牛島機長と平本機長である。牛島機長が退職される半年ほど前、成田オペレイション・センターの食堂で夕食を共にした。以下は牛島機長の問わず語りである。

七一年初頭、牛島機長は、モーゼスレーク訓練所でジャンボの昇格訓練を受けた。その日程がちょうどクリスマスと新年にかかっており、一月四日までモーゼスレーク訓練所は閉鎖された。

彼は訓練所に届け、訓練所によって作られた社員無料搭乗券を使って、ハワイで年末、年始を過ごした。ハワイには彼の婚約者がいた。

不幸にして、年末に東京の訓練本部が牛島宅に電話して、未だ離婚届を認めていない夫人によって、彼の不在が発覚した。

会社は訓練中における無断外遊として取り扱った。それから牛島機長は何カ月も訓練止めにされた後、ほとんど訓練もしないまま昇格試験を受けさせられた。合格後に帰国し、乗務から帰ると、別居している夫人が、何処でスケジュールを知るのか、会社に来ており、乗務管理課の前で激しく醜態を演じた。間もなく二人は離婚した。

牛島機長の婚約者はハワイに小さな店を持っていた。そこに鶴殿、浜田機長がしばしば現れた。牛島機長の路線を欧州線から、ハワイ経由の太平洋線に変えてくださいという婚約者の願いを巧みにかわし、その二人は牛島機長の品行の悪さを告げ口した。別居にたまりかねた婚約者は、ハワイの店を閉じ、欧州線が離着陸するアンカレジに同じような店を持った。ここでも牛島機長が不在の時には彼らが現れ、悪口を言った。二人は結婚した。数年経った。

「定年後はどうされます？」と食事をしながら私は尋ねた。

「日本がほとほと嫌になった。アンカレジで終わりたいよ」

私は羨ましかった。

「いいなあ、外国で理想的な老後の生活ですね」

「そうもいかんよ」と言う彼の顔は浮かなかった。アンカレジ移住後間もなく、彼はピストル自殺をした。牛島泰機長は、沖縄戦における第三二軍司令官で自決した牛島満中将の甥に当たり、元陸軍少佐である。

平本機長は身辺が清かった。その代わり、技量と身体検査の両方で攻められた。最後の一〇年間は、副操縦士に降格されてしまった。花束ももらわずに、寂しく退職した彼のために、副操縦士会はパーティーを開いた。

「真相をお聞かせください」と言う副操縦士たちの要請にもかかわらず、

「私はもう、仙人のような生活をしています」と彼は拒絶した。

「しかし、片桐事件があります。私たち副操縦士は、本当のことを知りたいのです」という切実な声に、彼は負けた。最後に、

「その薬を今でも持っています」

と言う彼の言葉に、私はひっかかりを感じた。

副操縦士会からのまた聞きでは釈然としない。私は直接平本機長に電話した。

「あなたは何処から電話していますか？」

と難詰された。私が昔、吉高、龍崎君らと組んだことを忘れていない。

「あなたが副操縦士時代、お互いの家を行き来しましたね。電話では何ですから、私の家にいらっしゃい」

ということで、厚木の彼の家を訪ねた。二千坪ばかりの山と谷と木と草の土地に、豚や山羊、鶏が飼われていた。仙人のように、髭の生えた平本さんが出てきた。

「モーゼスレークの訓練所では、あなたにＤＣ８の昇格訓練をしてもらいましたね。ところが三回目に、木本所長が私と乗ると言うのです。当日は鵜殿乗員監督も同乗しました」

そこまでは共通の話題であった。最初の二回の訓練は私が受け持った。可もなく、不可もなく、平均的な機長と言ってよかった。ところが三回目に木本所長が「俺がやる」ということで、平本さんを取り上げてしまった。こういう仕打ちは、教官にとっては不愉快なものである。私を信用していないというのも同然だからだ。

鵜殿乗員監督が同乗するのは、もっと不自然であった。そのような前例がない。会社としては、平本機長に技術上の問題があったと言いたいのだろうが、平本機長以上に問題があった機長は、数え上げれば切りがない。

鵜殿機長は、乗員組合委員長の時に乗務手当を三倍にし、大勝利を収めた。俺のお蔭だという自負がある。

ところが、鵜殿委員長の後を継いだ平本委員長には輝かしい戦果がない。性格も鵜殿機長とは正反対だ。鵜殿機長は、自分の後に委員長になった平本機長を中傷する自説を持ち、常に人に聞かせていた。平本機長の四回目の訓練は、私に返してくれるものとばかり思っていた。ところが平本さんは、訓練中止として帰国を命じられた。以下は平本さんのお話そのままを伝える。

帰国後間もなく、身体検査の時、脳波に異常があるようだから、精密検査が必要だと告げられた。会社に指定された大学病院に出向いたところ、看護婦の石井さんが立ち合って、某医師から一CCずつ一〇回の注射を受けた。七回目あたりから、医師の顔に油汗が出てきた。「一〇回終わりました」という石井さんの声に、医師は残りの全部を一度に注射した。脳波は極度に乱れた。医師はにっこりして、「やっぱり平本さん、脳波が少し乱れていますね」と宣告した。後で気がついたら一一回注射されていた。

この注射は、交通事故などで、意識不明になった患者に対し、異状発見のために行われる。一〇回注射して平常なら、頭ではない、心臓だと考えるのが手順らしい。しかし、だれでも一一回注射されれば、てんかん症状を呈する。

「それでは、治療しましょう」ということで医師は薬の処方をくれた。

平本さんは不思議に思った。この頃、おかしな雰囲気が漂っている。それで、近所の薬屋を訪ねたら

「よく分かりませんが、大学病院で聞かれた方がよろしいでしょう」と答えられた。

東大病院では、「へえ、こんな薬を飲ませているのか、妙なことをするな」と訝ったという。

植物人間になると、意識回復の必要が、秒を争う問題になる。そこで、この薬を飲ませ、強制的

にてんかん症状を作出させるらしい。平本さんは問題の薬を飲むのを止めた。

「私の一生で、一番よかった判断だったと思います」と言って、その薬を見せてくれた。私は寒気がした。

精神の異常を生んだもの

羽田沖事故で、何故、あんな狂人に操縦させたのかと、日本航空の乗員管理のお粗末さに世間は騒いだ。会社は、上手の手から水が漏れたといわんばかりに悔しがり、乗員の管理強化を内外に誓約した。しかし世間は、正気の人間をてんかんにしようとし、狂人を正気扱いにしてしまったことは知らない。

片桐君の異常については、配車室も、運転手も、副操縦士も、エンジニアも、客室乗員も、一見しただけで気がついていた。

家族や同級生から事情を細かく聞かされた乗員部長も、自ら家族に病院を紹介したくらいだから、異常に気がつかなかったという弁解はできないはずだ。まして薬を与えた医師においておやである。どうして、社内の健康管理室でチェックできなかったのだろう?

片桐君は健康管理室の過失で、異常が発見できなかったというより、故意に乗務させ、スパイさせていたのではないか？

機長と社長との懇談会で、航空大学一四期で片桐君の同期生、崎川君は報告している。

「片桐、お前はどうして俺たちに話そうとしないのか」

と尋ねたら
「言動に注意しろ」

と答えたそうだ。これが、事件を解く鍵ではないかと思っている。

片桐君は、同級生の崎川君や荒木君の情報を誰かに流していたのだろう。それで罪の意識に苦しみ、被害妄想になり、盗聴器の設置に脅え、崎川君の顔をまともに見れなくなったのではないか。崎川君や荒木君についてなら、上司としても正確に動静を把握しておきたいだろう。何故なら、彼らは誰が見てもオピニオン・リーダーに見えるから。

心神耗弱《こうじゃく》者に何ができるかとの反論がありそうだが、スパイをするのには、それほどの能力を必要としない。スパイといってもピンからキリまである。崎川や荒木については、組合大会で発言したか否か、発言したとして、拍手があったか、なかったかでも、立派な情報になる。それに片桐君は、当初から異常があったわけではない。

では、誰が彼にスパイをさせたのか。本書に何回となく登場して来る例の桑田機長が仲人だと聞き、またあいつのお蔭で、犠牲者が出たかと暗然とした。しかし、腑に落ちない点もある。桑田も少しは関係があるかも知れない。例えば、片桐君の乗務続行の依頼を考慮するよう健康管理室に対して動いた可能性もある。だが、新聞によると、知らぬ人から電話があり、夫人がしばしば電話口に出ている。もし仲人の桑田機長なら、最初に桑田機長と夫人との間に、なごやかな会話があり、「あなた、桑田さんからお電話よ」で始まるのではないか。

ところが、この知らぬ人から電話があると、片桐君は極度に怯《おび》え、夫人が近くで聞いていることに猛烈な拒絶反応を示した。電話の内容は子供のような告げ口であったという。

やはり、組合で問題にしている某が電話の主ではなかろうか。彼は仙台訓練所時代に片桐君の上司であった。片桐君は、上級乗員資格に不合格で焦っていた。某は片桐君に、破格の便宜を与えたと言われている。

某はまことに用心深く、滅多に正面に出て来ないらしい。面倒見はよい。あるグループで、国家試験の準備をしたいと申し込めば、直ちにスケジュールを調整して万事ぬかりがない。テニスがうまいので、松尾社長に可愛がられ、また、いろんなテニスの試合に顔を出して、某はいい人だという印象を人に与えるのに成功している。いつも頼り甲斐のある、縁の下の力持ちだと好感を持つ人が多い。

地上職の給料以外に、空港から割と近い所に彼はアパートを経営し、数名のスチュワーデスを住まわせ、私的にも、日本航空からちゃっかり稼がせてもらっている。彼女たちは、パイロットたちと結婚ができるのを夢見ている。これはまた聞きではなく、シドニーで夕食を共にした時、偶然にこのアパートに住んでいるスチュワーデスが私の前に座り、彼女から直接聞いた話である。

パイロットの中にも、彼に仲人をしてもらった者がかなりいるらしい。四〇人か、四〇組か忘れたが、某夫妻を称える会を結成し、毎年パーティーを開いて、会長が先導で夫妻の人徳を称えるそうだが、本当だろうか。

昔の戦争中の話だが、私たちが海軍兵学校のあった江田島から、海軍航空隊基地の霞ヶ浦に移動する際、われわれの軍用列車に、神戸から岐阜の近くまで、三五歳前後の海軍中尉に相当する軍属が乗ってきた。結構、人当たりが良く、彼と席を共にした同期生たちと談笑していた。深夜に、海軍の施設もなさそうな、岐阜駅の近くの小駅で下車するとは妙だとは思った。それから間もなく、軍用列車が、小さな駅で臨時停車し、憲兵が数名乗り込んで来て、初めて分かった。彼は二五〇名の海軍兵学校生徒の移動を調査するスパイであった。某はなんとなく、このスパイに雰囲気が似ていた。

先ほども指摘したように、日本人は世界一のパイロットになる資質を持っているとともに、村八分を恐れ、成績にこだわりすぎるという、パイロットとして致命的な弱点を併有している。乗員の中には、病的に激しい者がいる。

この二つの弱点を知ってか、某は、片桐君を利用した。

片桐君としても不運であった。同級生の中に、崎川、荒木という二人の過激派と目される人間がいたとは。しかも、三人とも同じ団地の住民とは。

上級操縦士資格試験に不合格となった片桐君に、某は特殊の便宜を与え、その代償として、同僚の情報提供を強要した。崎川、荒木君らと常時親交のある夫人の前で、某は無神経にも、その亭主を電話で利用している。

片桐君は、自分の破廉恥行為を責めるとともに、夫人が崎川、荒木君らにたれこむことを恐れたに違いない。自分の不在の時に、夫人が組合員を誘導し盗聴器を設置したと妄想する。夫人も友人もすべて敵だと思い込み、村八分にさせられた彼は、ついに発狂してしまった、というのが真相ではなかろうか。

私は、会社が直接に、片桐君を発狂させ、牛島さんを自殺に追い込み、平本さんに薬物を与えたとは思わぬ。そんなことを責められたら、高木社長にとっても、青天の霹靂《へきれき》であろう。おそらく、上司のご意向を自分なりに解釈した愛社精神のある連中が、片桐君を道具にして、忠義だてをしようとして、会社を窮地に追い込んだのではなかろうか。

事故の後で、吉高取締役の部屋で、田中と三人で話し合った（高木社長の義弟である安部川の証言によると、事故にあたり、腰の抜けなかった重役は、吉高一人らしい）。

私は吉高に言った。

「吉高、機長会を割るな。今の会社の実力ならそれができる。残念ながら機長は未熟だ。機長会が分裂したら、乗員組合も簡単に割れる。今回の分裂は、二〇年前の分裂とは違うぞ。それこそ飛行中の操縦室の中は地獄になる。片桐君のような男は再び出るとは思わぬが、ホテルから裸で飛び降りる奴、バットで殴り殺される奴が出るぞ」と脅かしておいたが、何処まで本気で聞いていたやら。

「信太よ、片桐は着陸寸前に気絶したと考えられぬか？」

結果的にはそのようになったが、吉高は、この場に及んでも、会社の責任回避ばかりを考えている。田中が怒った。

「吉高！　これは深刻な問題だぞ」

吉高は、機長会の分裂については上の空であったが、とかく風評がある某のことを話したら、これは聞いていたようであった。某は直ちに、子会社の重役に「栄転」させられた。

V

御巣鷹山事故についての体験的考察

再び日本航空の歩みを振り返って

一九六一年に日本航空乗員組合は、ストを背景に三倍以上のベースアップを獲得した。会社はストが始まる前に要求を全部呑《の》み完全敗北した。

その翌年、乗員組合の運動に刺激されて「沈まぬ太陽」の恩地元（実名は小倉寛太郎）たちが率いる日本航空労働組合（日航労組）は、日本民間航空初のストライキを決行した。

日航乗員組合と日航労組は手を組み、羽田空港で乗客、送迎者に機長を先頭にデモ行進する社員の漫画をたくさん手渡しした。

会社はそれに対抗して、一九七〇年に機長全員を管理職にして乗員組合の中から機長を引き抜き、さらに運航乗員組合（第二組合）を作らせた。暗黒労務政策の始まりである。乗員組合は惨憺たる転落の道をたどり、相互不信の分裂を経験した。

一九八四年に私は顔面ヘルペスに侵され、約二カ月の病気休暇を取らされた。過去を振り返るのに絶好の機会であった。本書のベースとなった手記を書き始め、八二年二月九日に起きた羽田沖事故でしめくくった。

羽田沖事故は事故ではない。事件である。この事件の背景には「機長管理職制度」がある。この制度の犠牲者として片桐機長は心身症に侵され、「キャプテンやめてください！」と機関士が絶叫したにもかかわらず、片桐機長はまだ着陸もしていないのに進入管制灯の上で「逆噴射」し、飛行機を墜落させてしまったのだ。殺人事件である。

折しも機長会会長選挙の真っ最中であった。約一千人の機長のうち、二百人あまりの機長は自衛隊出身のパイロットであった。その彼らが選挙の結果を左右する。彼らは入社時想像もしなかった日本航空の暗黒労務政策を現実に体験して迷っていた。私は自分の書いた手記を約三〇部ほど印刷して、後輩たちに手渡した。ところが、それに対してある機長から「信太さん、こんな記事が会社にバレると、信太さんはクビになりますよ」と注意された。

その翌年、八五年八月一二日夕刻、お盆休みで満席の羽田発大阪行きの日本航空123便は群馬県御巣鷹山《おすたかやま》に墜落し、死者五二〇人という史上空前の航空事故が発生した。当日私は、翌早朝出発のサンフランシスコ便に備え、成田の日航ホテルで休養していた。テレビに流される事故のニュースを見て私は終夜眠ることができなかった。機長はジャンボ機の教え子、高浜雅己君である。彼は私と同じ海上自衛隊出身。無口で誠実なパイロットであった。

翌八六年一二月一二日、私の六〇歳誕生日の三日前、私たち夫婦が仲人をつとめた航空大学一〇期の宮本哲郎機長に副操縦士になってもらい、羽田～大阪往復のラストフライトを飛んだ。羽田に到着後、東急ホテルのホールに一〇〇人以上の社員が集まり、花束贈呈の後、山地進社長からお別れの言葉を戴き、利光松男副社長に握手された。利光さんはその後社長になり、二〇〇四年一一月二二日、自宅で自らの命を絶っておられる。誕生日の前日であった。なぜ自殺されたのであろう。

当時の自衛隊の後輩は二〇一二年の現在、日本航空には一人もいない。私自身も定年退職してからすでに二五年。以下、元自衛隊出身のパイロットだけでなく、ダッチロールの意味もわからない中学生以上の一般の読者を想定し、私自身の体験にもとづいて、この未曾有の航空機事故について書いてみたい。

試作ジャンボ機の試験飛行について

一九六九年に、ジャンボ試作一号機のテストフライトがＢ52爆撃機の元基地、モーゼスレーク飛行場で行われた。ここはボーイング本社の所在地シアトルの東わずか二〇〇キロで関東平野より広いコロンビア盆地の中央にあった。この盆地には人口五万人以下の市が四つしかなかった。モーゼスレーク市の人口は一万人。Ｂ52が去った後の飛行場は閉鎖され、米軍住宅にはベニヤ板が張られ誰も住んでいない。もはやゴーストタウンそのものであった。ここに騒音公害の批判が轟々とする日本を避けて、六八年に日本航空社員が家族とともに移住してきたのだ。どんなに市民が私たちを歓迎してくれたか、おわかりいただけよう。試験飛行が実施されているジャンボ試作機のお化けのような巨体を見て、市民は驚愕した。しかし音は意外に小さかった。

ある日、ボーイング社のテストパイロットが、木本所長はじめ私たち三人の教官を乗せてくれた。操縦室の高さに驚いた。三階のビルの高さである。それより驚いたのは飛行機の軽さだった。操縦桿を動かすのに腕は必要ない。指だけで十分だ。

テストパイロットが教えてくれた。「ボーイング７０７やダグラスＤＣ８のような従来の飛行機は、左右一本ずつ二本の油圧系統と二本の補助ケーブルで動かされているが、ボーイング７４７では四本の油圧系統がそれぞれ独立して、全ての操縦翼と方向舵を動かしている。安全性から見ても、操縦の容易性から見ても格段の違いだ」と。

結果論ではあるが、ボーイング社としては御巣鷹山事故で四本の油圧系統が一度に破壊するなんて予想もできなかったであろう。

副操縦士席に座るテストパイロットの補佐の下に、木本所長はじめ私たち三人の教官が一回ずつ離着陸をした。四人とも見事なソフトランディングをした。

御巣鷹山への道

それから四〇年がたち、二〇一〇年一月二〇日、日本航空は株式の上場を廃止された。日本航空の苦しみは日本のタービュランス（乱気流）ではないか。日本人にとっては決して他人事で済むはずはないと思う。

日本航空の倒産の報道を聞いて、数名の海軍兵学校の同期生、中学の同級生、近所の人たちから日本航空の崩壊について問い合わせがあった。私としても過去を明瞭にしたい。前述した通り、日本航空の草創時代からの病巣については在職中に書いた。しかし、それも片桐君の羽田沖墜落事故についてまでである。御巣鷹山事故についてはこれから書き始める。

御巣鷹山の事故からもすでに四分の一世紀が経過してしまった。幸いにソ連軍戦闘機による大韓航空機００７撃墜事件（一九八三年）で行動を共にした日本航空元整備士の杉本茂樹さんと松島光男さんが運輸省航空事故調査委員会発行の「日本航空株式会社所属ボーイング式７４７―１００型ＪＡ８１１９に関する航空事故調査報告書」を郵送してくださった。多数の写真と付図が付いた合計五五六ページに及ぶ膨大な二冊の公文書である。

参考までに大韓航空機撃墜事件に触れよう。一九八三年八月三一日、国際標準時一三時にアラスカのアンカレジ国際空港を離陸し、ソウル金浦《キンポ》国際空港に向かったはずの大韓航空007便は、正規の空路R20から大幅にコースを北に逸脱し、カムチャツカ半島、オホーツク海、サハリンなど、ソ連領土上空を二時間にわたり飛行した。そして同便は、ついにソ連空軍迎撃機が一八時二五分に発射したミサイルによって南サハリン上空で撃墜され、その結果、日本人乗客二七名を含む乗員・乗客二六九名が死亡した。

日本人の遺族は、武本昌三氏を団長として「大韓航空機撃墜事件の真相を究明する会」を立ち上げ、大韓航空を被告として東京地裁に提訴した。尾崎行正主席弁護士は「憲政の神様」と言われた尾崎行雄（咢堂）の孫で、後ほど最高裁判所判事になられた。

私は杉本さんと松島さんの要請により、一九九二年に東京地方裁判所で二八時間（合計八回）にわたり証言したことがある。さらに裁判官三名に日本航空羽田乗員訓練所のジャンボ地上練習機を借り、四時間、操縦訓練を実施した。ジャンボ機を操縦できる裁判官は、世界中でこの三人だけであろう。

地上練習機だと軽視してはならない。実機よりも地上練習機の方が能力査定には重視されるのだ。操縦室の中は実機と全く同じ。モーションオンにされて飛行機が揺れ始めるとフライト感覚と全く異なるところはなくなる。それどころではない。エンジンを完全にカットし、火災発生ま

1985（昭和 60）年 8 月 12 日、事故前便として羽田空港へ着陸するＪＡ 8119。
この飛行機が、この 2 時間後に、御巣鷹山で砕け散った。

でできるのだ。着陸態勢に入って雲の下に出ると、前方に滑走路が見えてくる。下手な操作をするとハードランディングになり、試験に不合格になる。騒音公害に悩む文明国では、実機による離着陸訓練は許されていない。一千名以上の日航、全日空の機長たちを六カ月ごとに試験できる大空港が日本に存在するのか。全機長の試験は地上練習機で行われる。実機こそ模擬火災訓練しかできないのだ。

私の飛行日誌の記録によると、実は私は、御巣鷹山事故の起こる二カ月前の八五年六月一三日、大阪からＪＡ８１１９ＳＲジャンボ機に乗り、グアムまで操縦している。問題の事故機である。出発前にＪＡ８１１９の整備記録を読むと、最後部のトイレットのドアが飛行中に開閉できないと記してあった。キャリオーバー（整備持ち越し）としてある。しかし整備するか否かの責任は整備主任にある。特別の事情がない限り、機長は飛ばないわけにはいかない。

飛行前に全部のドアをチェックしてみた。最後部右側のトイレットのドアにはビニールで閉め縄をして「使用禁止」の札が張られていた。そのドアを飛行中にチェックしたところ、どんなに力を入れても開閉しない。スチュワーデスに聞いたら、「離陸してからすぐ開かなくなります。それにときどき天井裏から金属音が聞こえるんです」。

私は操縦室に帰らず、しばらく聞き耳をたてた。なるほど「ギシギシ」という怖い音が聞こえる。

その二カ月後の八五年八月一二日、JA8119は羽田を一八時一二分に離陸し、その一二分後の一八時二四分頃、伊豆半島にさしかかる直前「ドーン」と大音響を発し、後部トイレットの上の天井が剥がれ、尾翼が吹っ飛び、機長たちは三二分間の死闘を続けたあと御巣鷹山に姿を消したのだ。

事故調査委員会が認定した事実

次に紹介するのは、事故の翌々年、一九八七年六月一九日の日付で運輸省航空事故調査委員会が発表した航空事故調査報告書からの抜粋である。

日航ボーイング747は、副操縦士の機長昇格訓練のため、機長が右操縦士席、副操縦士が左操縦士席に位置し、18時12分羽田空港を離陸した。(注：墜落まで全部18時なので、以後18時を省略する)

同機は二万四〇〇〇フィート(約七三〇〇メートル)に上昇中の16分55秒、東京コントロール(東京管制区管制所)に対し、現在位置からシーパーチ(非義務位置通報点・大島から二五三度、七四海里)へ直行したい旨の要求を行い、同要求は承認された。

24分、同機がシーパーチに向け巡航高度二万四〇〇〇フィートに到達する直前、伊豆半島南部の東岸上空に差しかかるころ、「ドーン」という衝撃音とともに、飛行の継続に重大な影響を及ぼす異常事態が発生し、その直後に、機長と副操縦士によるスコーク77(緊急SOS信号)との発声があり、次いで25分21秒東京管制官に対し異常事態が発生したため、二万二〇〇〇フィート(約六七〇〇メートル)に降下し、同高度を維持すること及び羽田に引き返すとの要求が行われた。

25分40秒、同機から大島へのレーダ誘導の要請があり、東京管制官は羽田への変針は右旋回か左旋回かとの問い合わせを行ったところ、同機から右旋回を行うとの回答があったので、管制官は同機に対し、大島へのレーダ誘導のため右旋回で進路九〇度で飛行せよとの指示を発出し、同機は25分52秒、これを了承した。

同機はその後、伊豆半島南部の中央付近で若干右へ変針し西北西に向かって伊豆半島を横切り駿河湾上に出たが、このころから同機には顕著なフゴイド（異常な上下運動）及びダッチロール（異常な左右運動）が発生し、墜落直前まで続いた。

28分31秒、管制官は同機に対し再度「大島への誘導のため、針路九〇度で飛行せよ」と指示したが、これに対し「現在、操縦不能」との回答があった。

同機は、駿河湾を横切り30分ごろ静岡県焼津市の北付近の上空を通過した後、31分ごろ右へ変針して北上を始めた。

31分26秒、管制官は同機に対し、これまでは英語による交信だったが今後は日本語で交信してもよい旨を伝え、同機はこれを了承した。35分ごろ、同機は富士山の西方約三五キロメートルの地点付近の高度約二万三〇〇〇フィート（約六九〇〇メートル）で右へ変針して東へ向かい、その後、38分ごろ、富士山の北北西約七キロメートル付近から左へ変針して北東に向かって飛行し、次いで41分ごろ、山梨県大月市付近の高度約二万一〇〇〇フィート（約六三〇〇メートル）から、約三分間でほぼ三六〇度右へ変針する（注：物凄い異常飛行）とともに高度約一万七〇〇〇フィート（約五一〇〇メートル）まで降下した。

その後の同機は東に向かって急速に降下しながら飛行し、45分46秒「操縦不能」との送信を行

JAL123 便の飛行経路

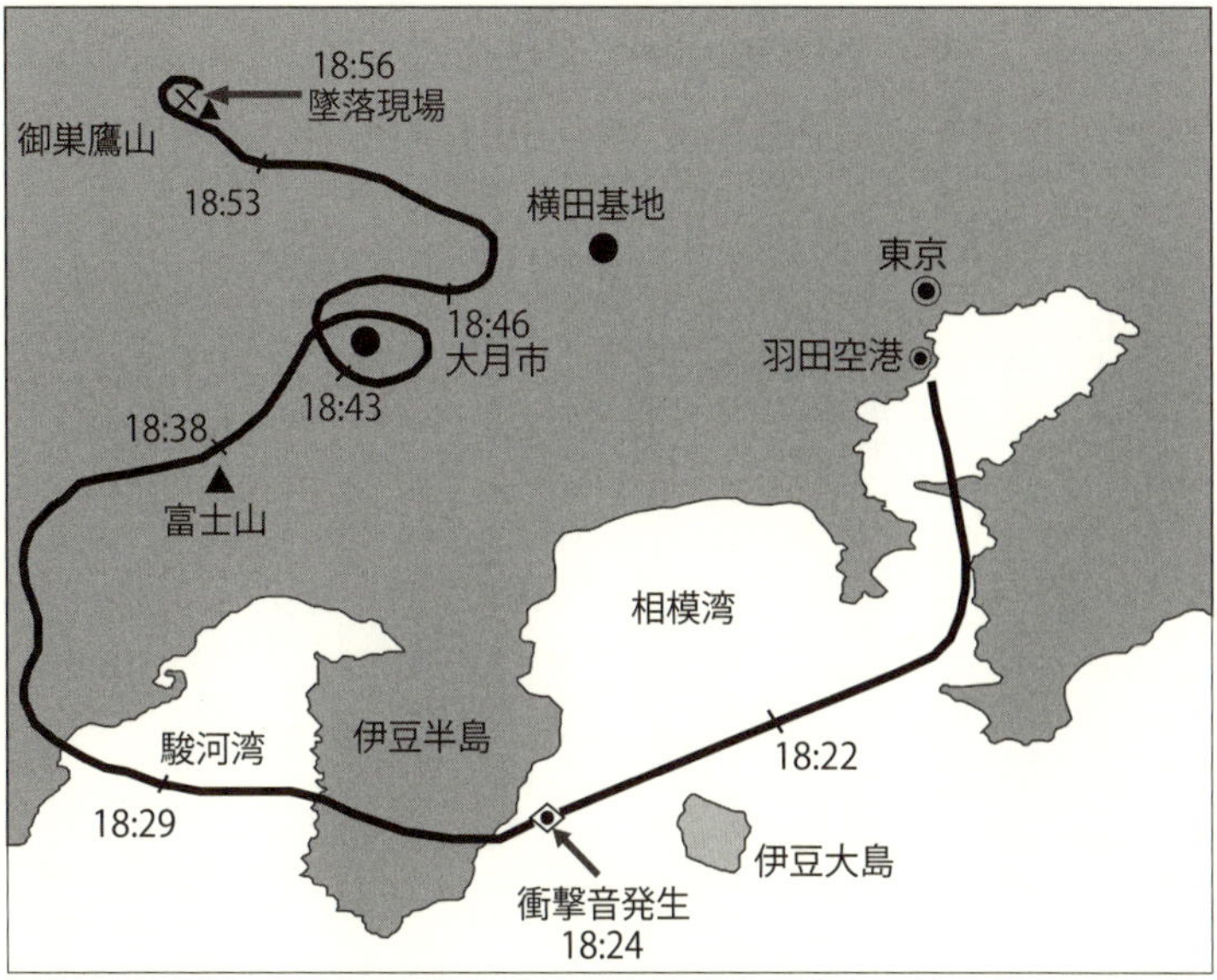

航空事故調査報告書より。この航跡から、事故機が尾翼（方向舵）を失い、操縦不能となっていた状況がわかる。

JAL123 便の高度変化と航路

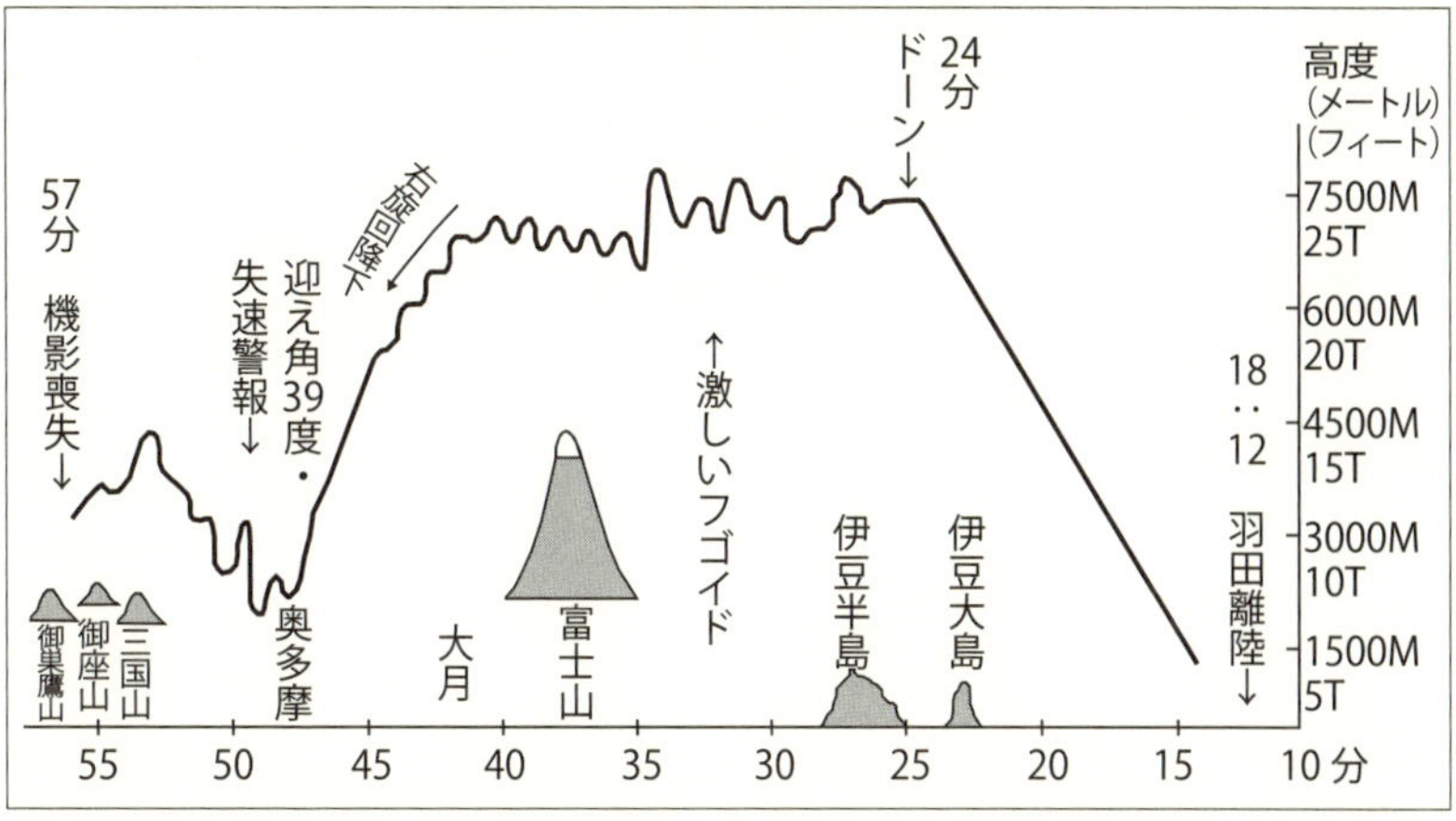

航空事故調査報告書より。事故機が高度についても全くコントロール機能を失っていたことがわかる。T = Thousand feet（例）15T = 1 万 5 千フィート。時間は全部 18 時。

搭乗者の死亡・負傷者人数

搭乗者	搭乗人員	死亡	重傷	軽傷
乗組員	15	15	0	0
乗客	509	505	4	0

い、次いで左へ変針して北東へ向かったが、47分7秒、同機から羽田へのレーダ誘導の要請があり、これに対し管制官は「羽田の滑走路は22なので（注：南南西の風）針路九〇度をキープしてください」との指示を行い、同機はこれを了承した。

次いで47分17秒、管制官からの「操縦できるか」との問い合わせに対し、「操縦不能」の送信があった。48分ごろ、高度約七〇〇〇フィート（約二一〇〇メートル）で同機は東京都西多摩郡奥多摩町付近上空から左へ変針し、西北西に向かって徐々に上昇しながら飛行し、53分ごろ高度約一万三〇〇〇フィート（約三九〇〇メートル）に達した後、再び降下を始め、53分31秒「操縦不能」を再度送信した。

東京管制官は55分5秒、羽田も横田進入管制所（米軍）も受入れ可能である旨送信し、同機はこれを了承した。しかしその後、管制官及び横田からの呼びかけに同機からの応答はなかった。

墜落地点の南南西三～四キロメートルの地点での四名の目撃者によれば、「同機は東南東の奥多摩の方向からかなりの低高度、低速度で機首をやや上げて大きな爆音をたてながら飛んできた。飛行機はわれわれの頭上を通過したがその後北西にある扇平山（標高一七〇〇メートル）の付近で急に右に変針し東北東の三国山（標高一八二八メートル）の方向へ飛行した。次いで、三国山を越えたと思われるころ突然、左へ傾き北西方向へ急降下し、山の陰に見えなくなった。その後、隠れた山陰から白煙と閃光が見えた」

とのことであった。

【原因】

本事故は、事故機の後部圧力隔壁が損壊し、引き続いて尾部胴体・垂直尾翼・操縦系統の損壊が生じ、飛行性の低下と主操縦機能の喪失をきたしたために生じたものと推定される。

飛行中に後部圧力隔壁が損壊したのは、同隔壁ウエブ接続部で進展していた疲労亀裂によって同隔壁の強度が低下し、飛行中の客室与圧に耐えられなくなったことによるものと推定される。

疲労亀裂の発生、進展は、昭和53年に行われた同隔壁の不適切な修理に起因しており、それが同隔壁に至るまでに進展したことには同亀裂が点検整備で発見されなかったことも関与しているものと推定される。（傍線は信太）

操縦室音声記録（CVR）

次に、異常事態が発生してからの操縦室（コックピット）内のやりとり、また遭難機と管制官の交信の記録を引用する。
　かなり長い記録であり、本書のような一般読者向けの書籍でこのような記録全文を掲載するのはかなり異例のことだと思うが、鬼気せまるこのやりとりこそがこの事故の実態を最もリアルに伝えていると思うので、ご了承いただきたい。（途中まで管制官との交信は英語）

18時24分12秒・録音開始
（全部18時なので18時は省略する）

長＝機長、**副**＝副操縦士、**E**＝航空機関士、**P**＝男性パーサー、**S**＝アシスタント・パーサーを含むスチュワーデス、**A**＝プリレコーデット・アナウンス、**管**＝管制官、**米**＝横田米軍基地進入管制所、**社**＝日本航空社用無線

分　秒	**発声**	**音　　声**
24：15	S	たいとおっしゃる方がいらっしゃるんですがよろしいでしょうか？
	副	気をつけて
	E	じゃ気をつけてお願いします
	副	手早く
24：35		**ドーン**
39	長	なんか爆発したぞ
42	長	スコーク77（SOS）
	副	ギアドア
	長	ギア見てギア
44	P	酸素マスクをつけてくださいベルトをしてください
46	長	エンジン？
47	副	スコーク77
48	E	オールエンジン……
51	副	これ見てくださいよ

55	E	えっ　オールエンジン……
57	副	ハイドロプレッシャ（油圧）見ませんか？
59	長	なんか爆発したよ
25:15	P	ベルトを締めてください タバコは消してください ただいま緊急降下中
16	長	ライトターン
19	副	プレッシャ？
	E	落っこった
21	長	JA123緊急事態発生 羽田に引き返したい 220（2万2千フィート）に降下したい
37	管	了解、許可する
40	長	大島へレーダー誘導願います
42	管	了解、右旋回か、左旋回か？
45	長	右旋回願います
49	管	右旋回、針路090度（真東）
53	長	バンク（傾斜）とんな　そんなに

54	副	はい
55	長	バンクそんなにとんなってのに
57	副	はい
59	長	なんだよ　それ
26:00	E	ハイドロプレッシャがおっこちています　ハイドロが
03	長	バンクそんなにとるなマニュアル（手動操縦）だから
05	副	はい
11	長	戻せ
12	副	戻らない
27	長	ハイドロ全部だめ？
28	E	はい
31	長	ディセント（降下）
32	副	はい
33	E	降下したほうがいいかもしれないですね
35	副	ディセント
41	長	なんでこいつ……
	P	えー　酸素マスク十分にお着けに

時刻	発言者	内容
		なってバンドは頭にかけてください
46	長	ライトターン
47	副	ライトターン
54	P	えー 乗務員は、えー酸素ボトルの応援をお願いします 酸素ボトルの用意
27:02	管	JA123 あなたは緊急降下を要求しますか？
07	長	そのとおりです
47	E	ハイドロプレッシャ オールロス
49	副	オールロスですか？
50	長	いや ロック
51	E	オールロス
52	副	オールロスね？
	E	はい
54	副	カンパニー えー…お願いします
		えー そうしてください カンパニーにリクエストしてください
28:00	長	なんでさわいでんの？
14	E	下がりましょう

時刻	発言者	内容
	P	お客様にお願いいたします お子様づれのお客様 どうぞ近くの方 恐れ入りますがお子様のマスクの用意をお願いします
31	管	JA123 大島にレーダーで誘導する 針路090度で飛行せよ
28:35	長	ただ今 操縦不能
48	副	ライトターン ディセント
29:00	長	気合いを入れろ
	副	はい
	E	持ってないかどうか聞いてみます
05	長	ストール（失速墜落）するぞほんとうに
06	副	はい 気をつけてやります
07	長	はいじゃないが
08	副	はい
09	長	ディセント
21	長	あんたいれとくれ
22	副	はい
59	長	なんだこれ

30：28	E	オキシジェンプレッシャー（酸素圧）どうですか？　オキシジェンマスク（酸素マスク）落っこってますか？
35	E	あーそうですか　じゃーオキシジェンプレッシャー　あー　そのPO$_2$ボトル（酸素ボトル）ちゃんと着けてください
55	E	オキシジェンマスクがドロップしているから
31：02	管	JA123降下できますか
07	長	ただ今降下中
08	E	オキシジェンマスクがドロップしてます
10	管	高度はいくらか
11	長	240（2万4千フィート）
14	管	あなたの地点は名古屋まで72マイル名古屋に着陸できますか？
21	長	羽田に帰りたいです
26	管	これから日本語これから日本語で話していただいて結構ですから

31	長	はいはい
36	副	どこが？
37	長	おーおおお
41	E	はい　なんですか？
46	長	もってくれる
47	E	後ろの方ですか？
50	E	えーと　何が壊れているんですか？
56	E	どこですか？
59	長	あーあああ
32：01	E	荷物を収納するところですね？　後ろの方の一番後ろの方ですね？　はいわかりました
11	E	あのですね　荷物入れてある　荷物のですね　一番うしろですね
17	E	荷物の収納スペースのところが落っこってますね　これは降りた方がいいと思います
32	E	マスクは一応みんな吸っておりますから
33：00	副	ディセントしますか？　少し

17	E	ちゃんとオキシジェン調べてくれてる?
23	E	アールファイブのはまだですか?
35	E	キャプテン
36	長	はい
37	E	アールファイブのマスクがストップですから……緊急降下やったほうがいいと思いますね
44	長	はい
46	E	マスク我々もかけますか
48	長	はい
49	副	かけたほうがいいです
51	長	……
54	E	オキシジェンマスクできたら吸ったほうがいいと思いますけど
58	長	はい
34:11	副	カンパニーお願いします　カンパニーでお願いします
15	E	はい了解しました
18	E	えーと　どこですか?

21	長	ふんばってろよ
42	E	えーと　いまどこですか?　カンパニーは(社用周波数が同じなので確認している)
51	副	はい降下しております
55	E	ジャパンエアどこですか?
59	長	どこからだ?
35:00	副	大阪です
01	長	ジャパンエアよんでくれ
02	E	ジャパンエア大阪ですか?
08	副	ジャパンエア東京
21	社	ジャパンエア東京　26分に大島の30マイル西でエマージェンシーコールを東京の管制官が傍受したということですが
34	E	ええとですね　いま　あのー　アールファイブのドアーがあのー　ブロークンしました　えー　それでー　えー　いまあー　降下しております　えー

53	社	機長のご意向としてはリターン ツウ 東京でしょうか？
58	E	はい、なんですか？
36:00	社	羽田に戻ってこられますか？
04	E	えーと ちょっと待ってください いま緊急降下してますので えー もうすこししたら あー コンタクトしますので もう一度 あー 再びコンタクトしますので えー このままモニターしておいてください
20	社	了解しました
37:04	長	おりるぞ
07	長	そんなのどうでもいい
11	長	あーあああー
31	長	頭下げろ
38	長	あったま下げろ
39	副	はい
38:04	長	頭下げろよ／副はい
17	長	頭下げろ／副はい
29	長	両手でやれ 両手で／副はい

32	E	ギヤダウン（脚下げ）したらどうですか？ ギヤダウン
34	副	ギヤダウンでしょうか？
45	長	出せない ギヤ降りない
54	長	頭下げろ／副はい
39:13	E	オルタネート（代替操作）でゆっくりと出しましょうか？
18	長	はい ちょっと待って
59	E	スピードブレーキ引きますか？
40:00	長	あー 頭下げろ／副はい
22	E	ギヤダウンしました
23	副	はい
41	長	頭を下げろ／副はい
44	管	JA123 周波数134・0に切り替えられますか？
41:00	長	あったま下げろ そんなのどうでもいい
07	長	ストール（失速）するぞ
08	副	はい
16	長	両手で下げなならんぞ

42:17	長	頭下げろ／副はい
48	長	パワー
53	長	重たい
43:23	長	頭下げろ
47	長	重たい　もっともうすこし頭下げろ ／副はい
56	長	下がるぞ
44:05	長	重たい
22	長	いっぱいやったか？
23	副	いっぱい　かじ　いっぱいです
43	長	あー　重たい
47	E	フラップどうしましょうか？　下げ ましょうか？
49	長	まだ早い
50	E	まだ早いすか？
51	長	まだ早い
52	副	ギヤおりてますか？
53	E	ギヤおりてます
54	長	えっ
55	副	コントロールのほうが

45:37	米	ＪＡ１２３もし聞こえたら周波数 １２９・４で横田と交信してくださ い
46	長	ＪＡ１２３操縦不能
50	E	交信しましょうか？
52	長	ちょっと待って　コントロールだ
54	E	どこへ？
46:06	副	えー　相模湖まで来てます
08	長	はい
09	管	ＪＡ１２３羽田にコンタクトします か？
16	長	このままでお願いします
20	米	ＪＡ１２３こちら横田アプローチ もし聞こえたらスコーク５４２３
27	管	はい了解　スタンバイ　お待ちくだ さい
33	長	これはだめかもわからんね
44	長	ちょっと／副はい
47	長	もっとノーズダウン下げ
48	副	はい

47:07	長	羽田にレーダ誘導お願いします
10	管	了解しました　滑走路２２なので針路０９０（真東）をキープして下さい
14	長	了解
16	E	ハイドロクオンティがオールロスしてきちゃったですからなあ
17	管	現在コントロールできますか？
19	長	操縦不能です
	管	了解
24	S	高度はだいぶおりてます…もうすぐ酸素はいらなくなります…
38	S	赤ちゃんづれのかた　背に　頭を座席の背に頭を支えて……にしてください　赤ちゃんはしっかり抱いてください　ベルトはしてますか？　テーブルは戻してありますか？　確認してください
39	長	おい山だぞ

	E	はいどうぞ
41	長	ターンライト
43	長	山だ／副はい
44	長	コントロールとれ　右　ライトターン
52	副	ライトターンですね？
53	長	山にぶつかるぞ／副はい
55	長	ライトターン
59	長	マックパワー（全出力）
48:00	副	マックパワー
02	E	がんばれー
03	長	あー二人でやらなくていい
05	長	レフトターンだ
08	長	レフトターン／副はい
09	長	パワー上げろ
10	長	レフトターン　こんどは
12	長	レフトターン
16	長	パワーちょっとしぼって
17	米	ＪＡ１２３こちら横田アプローチ
		もしも聞こえたらスコーク５４２３

19	長	あー　右右　あったま下げろ
23	長	あったま下げろ
25	副	いまかじいっぱい
32	長	じゃ……できる?
33	副	ききません
35	長	あったま下げろ
37	長	よし
40	長	山いくぞ／副はい
44	長	でない
51	副	吹かし（出力上げ）ましょうか?
52	長	パワーパワー……〈荒い呼吸音〉
		ハーハーハーハーハー　パワー
49:00	長	ハーハーハーハー
		〈荒い呼吸音〉
11	E	吹かしましょう
12	E	吹かしましょう
13	長	ライトターン
15	米	JA123　9000フィートを維持して周波数129・4で横田と交信せよ

39	長	あーだめだ……
41	長	ストール（失速）
42	長	マックパワー　マックパワー　マックパワー
45	長	ストール
46	長	はい高度おちた
50:06	副	スピードが出てます　スピードが
09	長	どーんといこうや
27	長	がんばれ／副はい
28	E	マック
30	長	頭下げろ／副はい
31	長	がんばれがんばれ
32	副	いまコントロールいっぱいです
33	E	マックパワー
36	副	スピードが減ってます　スピードが
50	長	パワーでピッチはコントロールしないとだめ
52	E	パワーコントロールでいいです　パワーコントロールさせてください
54	長	はい

55	副	スピード220ノット
57	E	はい
58	長	あたま下げるな
51:04	長	下がってるぞ／副はい
05	長	あったま上げろ上げろ
08	副	フラップは？
09	E	下げましょうか？
10	長	降りない
11	E	いや　えー　あのオルタネートで
12	長	オルタネートかやはり
	E	えーオルタネートです
23	長	あたま下げろ
25	長	ほかはいい　あんた自分とこやれ
29	長	両手で／副はい
30	長	あたま下げろ
32	長	はいパワー
33	E	パワー吹かします
38	E	フラップ出ていますから今／長はい
42	長	あたま下げろ
48	長	つっぱれ

52:26	E	いまフラップオルタネートで出てますから／副了解
28	長	あったま下げろ
29	副	はい
51	副	かわりましょうか？
52	長	かわってやって
53:15	長	あたま上げよ
20	長	パワー
22	副	入れます
27	管	JA123　こちら東京
31	長	えー　操縦不能　JA123　操縦不能
36	管	123　了解しました
45	管	JA123　周波数119・7に変えてください
51	長	はいはい　119・7
58	E	やろーか？
59	副	はい
54:03	長	はい左　レフトターン
08	E	119・7です

19	E	JA123　えー119・7セレクトしました
25	E	JA123　リクエスト、ポジション？
30	管	JA123　あなたのポジションは羽田の45マイル北西です
40	E	あー　えー　何マイルですか？
42	管	はい　そのとおりです　こちらのレーダーでは熊谷から北西25マイルの地点です
46	長	あたま下げろ
50	副	かじいっぱい
55	E	はい了解
56	E	熊谷から25マイルウエストだそうです
55:01	長	フラップおりるね？
03	副	はいフラップ　じゅう
05	管	JA123　日本語で申し上げます　こちらのほうは　あー　アプローチいつでもレディになっております

		なお横田と調整して横田着陸も可能になっています
15	長	あたま上げろ
16	E	はい了解しました
17	管	インテンション（意図）聞かせてください　どうぞ
19	長	あたま上げろ
27	長	あたま上げろ
34	副	ずっと前から支えてます
42	副	パワー
43	長	フラップ止めな
45	？	あーっ
47	長	パワー　フラップ　みんなでくっついちゃだめだ
49	副	フラップアップ　フラップアップ
51	長	フラップアップ／副はい
56	長	パワー
57	長	パワー
58	長	フラップ
59	E	上げてます

56:04	長	あたま上げろ
07	長	あたま上げろ
10	長	パワー
14		GPWS地上接近警報
		ウー　プルアップ
		ウー　プルアップ
		ウー　プルアップ
		ウー　プルアップ
23		衝撃音
26		衝撃音
28		〈録音終了〉

私が推定する事故の真の原因

事故から二年後、八七年六月一五日に発表された事故報告書の執筆責任者六人は全員が学識者でパイロットが一人も入っていない。これでは無理だ。

さらに、機体破損の遺留品の海底捜索は三日限りで打ち切っている。これで原因を推定するとは、あまりにも無責任だ。

報告書は、先に引用した**【原因】**の傍線部で述べているように、後部圧力隔壁が損傷したから機内の与圧空気が後方に流れ垂直尾翼・操縦系統を吹っ飛ばしたと推定している。

違う。「ドーン」の後、強烈な与圧空気は客室内にも隔壁後部にも流れていない。せいぜい客室内に白い霧を発生させただけだ。ビールの栓を抜いた時に発生する白い霧と同じ霧が。

尾翼が吹っ飛びハイドロ・プレッシャー（油圧）がゼロになったのは、事故機が引き起こした七年前の伊丹空港における尻もち事故の後、重なるキャリオーバー（整備持ち越し）の結果、後部客室のトイレットの扉の開閉すら不自由になる歪みが機体後部に生じたからである。尾翼が胴体から外れたのだ。胴体から吹き上げた空気圧など関係がない。

圧力隔壁から漏れた与圧空気が機内の空気圧を急減圧させ、結果的に酸素マスクをドロップさせたのではない。尾翼が吹っ飛んだ衝撃が酸素マスクを頭上から落下させたのだ。衝撃による酸素マスクの落下をパイロットたちはしばしば経験している。

ある国内線の空港で乗員が交代した。快晴・無風の日であった。乗客が降りた後、機内に入ってびっくりした。全部の酸素マスクが天井からぶら下がっている。やがて日航入社同期の機長がコックピットの中から出てきた。

「いけねえ、ハードランディングしちゃった」

天気の良い日にはできるだけ副操縦士に離着陸させている。そうでなければ彼らは育たない。伊丹空港における尻もち事故も快晴・無風の日だった。副操縦士に着陸させる時にはもちろん機長は操縦桿には触らないが、手をスタンバイさせている。だが、間に合わなかったのだろう。酸素マスクは激しい衝撃でも落下する。

また急減圧では客室内はパニックになる。とてもスチュワーデスはのんびりと座席から立ち上がって、乗客一人一人に酸素マスクの使い方を説明する余裕なんかありはしない。

私も「酸欠」の経験がある。航空自衛隊時代、ジェット戦闘機の訓練はアラバマ州のセルマ空軍基地で受けた。卒業間近い頃、ミリケン空軍中尉の同乗で、セルマからテネシー州のチャタヌーガまでクロースカントリー・フライトをした。距離は羽田と大阪に等しく、飛行高度は事故時のＪＡＬ１２３便と同じく二万四〇〇〇フィート（約七二〇〇メートル）であった。

水平飛行に入って間もなく教官から

〝アイ　ハブ　コントロール．チェック　ヨー　オキシジェン〟

と伝声管を通じ後席から注意され、操縦桿を奪われてしまった。操縦席の右下を見て血が凍った。酸素マスクのホースが補給口から外れていたのだ。激しい飛行機の傾きで教官が驚いたのだろう。

やがて目的地に近づき教官は、

〝ユー　ハブ　コントロール〟と言って操縦桿を返してくれた。彼は優しいクリスチャン。その後の操縦でも、自宅に招いてくれた時も、このことはいっさい口にしなかった。

急減圧で酸欠状態になったら、まともな操縦などできないし、立っていることもできないのだ。

大阪空港での修理作業についての事故調査報告書（抜粋）

先に、事故の二カ月程前、私自身が遭難機を操縦し、後部のトイレのドアがビニールの紐で閉じられているのを目撃したことを書いた。その後の事故の調査でも遭難機の後部、尾翼部分の破壊が事故の原因であったことが明らかにされた。ということは、私が後部の不具合を見てから少なくとも二カ月間、この不具合は十分に修理されていなかったことにほかならない。

では、当時の日航における整備はどのようになされていたのか。調査報告書は次のように述べている。

（事故の七年前の）昭和五三（一九七八）年六月の伊丹空港における事故による損傷の修理並びにその後の事故機の運航、整備及び不具合の状況について

▼同機の構造に係る修理作業を日航がボーイング社に委託したことは、同機がボーイング社によって製造されたこと及び同社の過去の修理実績からみて妥当なことであったと認められる。

▼（しかし）後部圧力隔壁の修理作業において後部胴体の変形等に対する配慮がやや不足していたと思われる。

▼実際の修理作業では、幅の狭い一枚のスプライス・プレート及び一枚のフィラが用いられ、指示とは異なった不適切な作業となった。

▼（そのため）本来の強度の七〇パーセント程度に低下し、この部分は疲労亀裂が発生しやすい状態になったものと推定される。

▼この作業は、ボーイング社の検査員の点検を受けたが、（作業の仕上がりが）指示とは異なるものであることを発見できなかった。

▼後部圧力隔壁の修理作業が完了した後からでは、当該接続部分の縁がフィレット・シールで覆われているために、前述した指示とは異なる作業結果を（航空局の検査員が）目視検査で発見することは不可能であったと考えられる。

つまり、遭難機は修理不充分のまま飛び立ち、その問題部分が事故発生原因となって遭難したと調査報告書は指摘している。

アメリカ主導による御巣鷹山事故調査

事故の翌々日、八月一四日にアメリカの国家運輸安全委員会（ＮＴＳＢ）から二名、連邦航空局から三名、ボーイング社から五名、計一〇名のアメリカ調査団がヘリコプターで現地に入った。彼らは、最終的には日本の事故調査の方向を、「隔壁修理ミス→隔壁破壊」の方向へ誘導するために、来日したのではないかと言われている。

彼らは三日間にわたる調査の結果、問題の部位に金属疲労の存在を確認した。その直後に、ボーイング社はニューヨークタイムズ紙上で修理ミスを認めたことを発表した。ただしそれには、Ｂ―７４７型機の設計自体に問題はなく、修理ミスがあったこの一機だけの問題だというコメントが付いていた。

彼らは修理ミスを認め、それが事故の原因であったと結論づけた。つまり、ジャンボの機体そのものに欠陥があったわけではないと主張したのである。

それを知って、「これがアメリカの狙いだったのか」とわれわれ日本航空の関係者は声を上げた。これでは、われわれはアメリカ側が敷いたレールを否応なしに走らされている。これでボーイング社は、ジャンボ全体に問題が広がることを避けられたのではないか。アメリカの狡猾なだましに乗せられる日本人の弱さに言いようのない無力感に苛《さいな》まれた。

キャリオーバー（整備持ち越し）について

話はまたずっと以前に戻る。一九五八年三月、私は日本航空のパイロットになる前の三カ月間、海上保安庁出身の安田さん、自衛隊出身の古旗さん、樋浦さんといっしょに日本航空整備会社で整備の実地教育を受けた。四人は分かれてそれぞれ別の班に所属した。私の班の班長は田代さんで、丁寧に誠実に指導してくださった。

その年の七月に日本航空に入社した。当時、日本航空が所有していた飛行機は、国内線も国際線もダグラス社製のプロペラ四発機ＤＣ４、ＤＣ６Ｂであった。私の副操縦士時代である。機長はほとんど全部が米人機長であった。

飛行機の運航には二種類ある。天候が悪く計器飛行の時には、管制官の指示に従わなければならない。だが、天気の良い日には、有視界飛行が許され、管制官から解放される。日本にはまだレーダーによる航空管制がなかった時代である。米人機長はずいぶん好き勝手なことをやっていた。例えば羽田↓大阪直行便の場合、伊豆半島に直行して、見物がてらに富士山を二周して横田基地の米人管制官とアメリカ語で雑談していた。

六一年に社長に就任された松尾静麿さんのモットーは、「臆病者と言われる勇気を持て」であった。六一年当時、私はまだ副操縦士であった。日本航空に入社して感心したのは、機長がみんな慎重であることだった。離陸許可をもらって誘導路から滑走路に入っても、いったん停止してから離陸している。自衛隊では滑走路に入る前からエンジンを加速する。

六三年に私は機長に昇格し、欧州線の資格試験を受けた。試験官は「殺しのごっつん」と仇名された恐ろしい後藤安二訓練部長であった。

羽田、香港、バンコクと飛行機は順調であったのに、カラチを出発しようと思ったら、機体に小さな不具合が見つかった。報告した相手はなんと私が日航に入社する前に日本航空整備会社に勤務していたとき世話になった田代さんであった。

運航課に飛行計画を提出した後、飛行機の修理は未だ終わっていない。後藤部長は、「何やってんだ。タイムアップだぞ」と言って田代さんの肩を押した。

田代さんも怒った。

「整備の全責任は私たちメンテナンスにあります」と言って後藤部長の手を払いのけた。後藤部長はこんな整備主任と喧嘩して面倒が起きてはつまらんと思ったのだろう。

「なんでもいいから早くやれ」でことが収まった。

創立以来一四年、一九六五年にモーゼスレークでコンベア８８０が離陸時炎上、教官、訓練生全員が死亡するまで、日本航空は一八〇万時間の無事故記録を達成し、世界一安全な航空会社になった。

次は七六年頃だったと思う。

シドニーの話だ。成田から到着したジャンボに不具合が見つかった。そのジャンボで私はこれから成田まで九時間の夜間飛行をしなければならない。この時、カラチの田代さんはシドニー支店次長となり、やはり整備を担当しておられた。

私は田代さんに、

「長時間の夜間飛行ですから、整備をお願いします」と頼んだ。でも彼は言った。

「キャリオーバーで大丈夫ですよ。キャプテン、今度来られた時、ゴルフをやりましょう」

世界一安全な航空会社の地位は下がった。安全第一より時間厳守が優先されるようになったのだ。

「整備の全責任は私たちメンテナンスにあります」と後藤訓練部長の手を払いのけた、かつての田代さんの気迫は何処へ消えたのだろう。

安全が第一でなくなった日本航空。そのことに気がついたのは御巣鷹山事故に直面してからだ。気がつくのが遅い。気がついた時は遅い。

遭難機内で書かれた遺書

一九八五年八月一二日一八時に伊丹行きのＪＡ１２３便が羽田を発つ午後五時頃には、お盆帰りの乗客などで空港はごったがえしていた。予約なしに空港に駆け込んだ乗客は乗り損ない、次便を待たざるを得なかった。結局、満員の乗客五〇九名と乗員一五名が無事に羽田を離陸したのは一八時一二分であった。その四四分後の一八時五六分に１２３便は群馬県上野村御巣鷹山に墜落、奇跡的に生存した四名を除き、五二〇名の尊い人命が失われた。離陸して約八分後にスチュワーデスは、幼いお客様たちにお人形さんの手渡しを開始している。そしてその四分後の一八時二四分三五秒に「どーん」という大音響が機内に発生し、世界航空史上、最悪の墜落事故が発生したのだ。

墜落を目前に機内で書かれた遺書がいくつか奇跡的に残っている。私は航空機事故での遺書なんて聞いたことがない。おそらく世界に前例がないであろう。

ここでは、遺書ではないが、後部乗務員、アシスタント・パーサーの対馬祐子さん（二九歳）が、不時着を想定して書き残した緊急アナウンス用の業務メモを紹介したい。

おちついて下さい　ベルトをはずし
身のまわりを用意して下さい
荷物は持たない　指示に従って下さい
ＰＡＸ（乗客）への第一声
各ＤＯＯＲの使用可否
機外の火災ＣＫ（チェック）
ＣＲＥＷ（乗員）間ＣＫ
ベルトを外して　ハイヒール
荷物は持たないで　前の人２列
ジャンプして
機体から離れて下さい
ハイヒールを脱いで下さい
荷物を持たないで下さい

年寄りや体の不自由な人に手を貸

火災
姿勢を低くしてタオルで口と鼻を覆って下さい
前の人に続いてあっちへ移動して下さい

四代目社長高木養根のこと

話は敗戦直後に戻る。私たち特攻隊員が復員したのは敗戦一カ月後、九月中旬であった。上野で乗り換え、新橋のプラットフォームに立ち愕然とした。市内は完全に焼け野原。海岸はすぐ近くに見えた。

しかし日本の復興は早かった。海軍兵学校同期生三人と銀ぶらしていたら、まだ一〇歳に満たない美空ひばりが屈強な男たち数名に守られ、得意の「東京ブギウギ」を歌いながらこちらに歩いて来るではないか。

海兵同期・同分隊の安部川能弘は新橋駅近くの焼け野原に再建した父親の洋品店で働いていた。戦後数年経ったと記憶する。姉と結婚した義兄高木養根も共に働いていた。「こいつも京大出だ」と私を紹介してくれた。高木は目のぎょろっとした無口な男だった。

高木は一高（旧制第一高等学校）時代、西田幾多郎哲学に傾倒し、京大文学部に入学した。京大時代、思想弾圧事件として歴史に残る滝川幸辰《ゆきとき》事件で逮捕され、一〇カ月も独房につながれた経験がある。

一九五二年に創立したばかりの日本航空に入社、営業畑を直進して八一年に社長に栄進した彼は、日航暗黒労務政策の魔王として恐れられた。畑違いの私は彼とは一度も社内で会ったことはない。

彼が社長になった翌年、八二年二月九日朝、片桐清二機長の操縦するDC8機は、「キャプテンやめてください！」と機関士が絶叫するにもかかわらず着陸寸前に逆噴射して空港岸壁前の進入灯に激突、乗客二四人を死亡させてしまった。しかし事故の原因は機長の自己責任ということで、高木社長の責任は問われなかった。

日本航空の民営化を間近に控えた八五年八月一二日午後、社内の経営会議で社長の高木養根は高らかに声を上げた。

「本日より、日本航空は民営化の手続きに入ります。利益の確保は至上命令です」という決意をあきらかにし、次のように演説している。

「合理化に大きな効果があるのは、燃油費と人件費の二つです。いま燃油費は非常に落ち着いている。しかし、営業経費に占める人件費の割合をいかに下げていくか。さもなければ、外国社にはもちろん、国内の他社にもなかなか太刀打ちできません。……

整備のコスト・ダウンには著しい効果をあげ、収益の増大にも大きく貢献しています。今の整備本部の取り組み方を私は高く評価し、感謝しています」

まさに社長以下、「儲けよう」の大合唱で、そこには二年前に起こった羽田沖墜落事故に対する反省など、その片鱗すらみられなかったという。

その経営会議が閉会して二時間後の一八時一二分、羽田空港を離陸した123便は一八時二四分、「ドーン」と大音響を発し、尾翼を吹っ飛ばしてしまった。場所は大島と伊豆半島の中間、相模湾上である。その後、乗員・乗客は死と闘い、御巣鷹山に激突したのは一八時五六分であった。五二〇名の尊い人命が奪われた。

責任を問われた高木社長は辞任した。その後彼は白い僧衣を着て、四国を行脚《あんぎゃ》し、鬼籍に入られたと聞く。私の海兵同期である義弟安部川能弘は早く他界した。

伊藤淳二副会長の就任と辞任

一九八二年二月九日の羽田沖墜落事故につづき、八五年八月一二日の御巣鷹山墜落事故まで、過去一三年のあいだに六回の重大事故を起こし、日本航空は世界第一位の「事故多発航空会社」に転落する。

この連続事故が日航の体質、とりわけ暗黒労務政策に起因しているということで、鐘紡における労使の安定化に果たした手腕が買われて、伊藤淳二が日航会長に起用された。

伊藤は中曽根首相（当時）とは面識がない。首相の最高ブレーンの一人である瀬島龍三と山下運輸大臣を通して、首相から「一切の経営を任せる。経営の最高リーダーシップを掌握して、日航の連続事故の経営体質を徹底改革して欲しい。政府・与党挙げて全面的にバックアップする。総理として、党、官庁の容喙《ようかい》を排除する」という確認を得ている。

就任にあたっての条件は鐘紡会長との兼任。専任するのは週二日というのが、後に伊藤攻撃の材料の一つにされるのだが、伊藤が中曽根首相から、日航改革の全権を委任されて近く会長就任を視野にいれて副会長に就任したという事実と、日航改革の原点が八月一二日の御巣鷹山墜落にあったという事実は重い。

御巣鷹山事故四カ月後の一二月一九日、日本航空経営陣の就任式が執り行われた。新たに副会長に就任した伊藤淳二の第一声は次のようなものであった。

「八月一二日に、あのほんとうに悲しい、予期しない大事故が起きました。日本航空の安全を信じて、日本航空を選んで乗った五〇〇名を超えるお客様、また私どもがどうしても忘れてはならないことは、五二〇名の名のなかに、高浜機長以下一五名の日本航空の仲間がいたということであります」

伊藤は労使運命共同体と銘打った労使協調路線をとって、経営を握る。その成功経験を日本航空に持ち込もうとした。だが、日本航空の舵取りは、民間会社のようなわけにはいかなかった。日本航空は創業以来、経営陣には官僚の天下りだけでなく、政界、財界の指定席もあった。名実ともに日本第一の「親方日の丸」の会社であった。そこに会長含みの純粋民間人伊藤の副会長就任である。前方にタービュランス（乱気流）を含む巨大積乱雲が立ちこめているのは当然であった。

会長を約束されている官僚出身の山地進は面従腹背の社長であった。だが、社員出身の利光松男副社長は、堂々と叛旗をひるがえした。それだけに社内では、事故後の会社建て直し、さらにその先の民営化に向け、利松の豪腕に期待する幹部社員が少なくなかった。

こうした中、伊藤への反発が強まっていった。その経営姿勢に対する陰口や反発が一気に表面化する。そしてオール日本航空で伊藤副会長の排斥に動いたのは当然の成り行きであった。

さらに利光が伊藤から書かされた「殉死誓約書」は社内に広まったが、私は見たことがないので、ここでは割愛する。

もともと伊藤淳二を担ぎ出したのが、中曽根首相のブレーングループであるが、三顧の礼を尽くして伊藤氏を日航へ送り込んだと言われている中曽根首相にしても、この利権集団の反乱を押し止めることができず、伊藤氏はこの攻防戦に敗れ、副会長就任から一年半足らずの八七年四月、日本航空を去った。

中曽根首相に辞任の挨拶のため伊藤は首相官邸を訪れたが、その返事は「ご苦労さんでした」だけであったそうだ。

伊藤淳二会長と田中茂信取締役辞任の挨拶

別れを惜しむ機長組合の呼びかけで開催された「伊藤会長送別会」の会場には、乗員を中心とした多数の社員が参加した。

伊藤氏の去就に関して、会長と行をともにした田中茂信元取締役空港本部長の「辞任挨拶」を、少し長文になるが紹介しておきたい。彼は私の海軍兵学校の同期生である。

貴重な時間をいただいたので、去り行く者の最後の言葉として赤裸々に歯に衣《きぬ》きせず、その趣旨を説明したい。

伊藤会長の日航トップとしての就任は、政府の要請に基づくものであり、ＪＡ８１１９号機の大惨事を契機に「事故多発の日航体質の解明」と「その抜本的改善」を行うことにあった。自浄力を失った経営に替え、「破産企業の管財人」的立場で送りこまれたわけである。

言葉が過ぎるかも知れないが、事故多発の体質と決めつけられ、自らの手で改善できないとみなされた日航は、正に経営破産であり、又、日航開発、その他について新聞、雑誌等で宣伝される不祥事が事実とすれば、言われる通り内部牽制力や点検もない放漫無責任経営となり、私利追求と自己保身が横行し、真に責任ある経営者は不在であったといわねばならない。

しかしながら、会長辞任のご説明の通りの経過により、会長の経営方針はこれを受入れ難いごく一部の社内勢力、及びこれを支持する一部の社外勢力から否定される結果となり、突然の辞任となったものである。

およそ、事故多発の体質とは何かを解明し、更にそれに対する全役職員のコンセンサスがなければその抜本的改善はあり得ない。

私は、事故後も相変わらず続いている救いのない労使・労々間の不毛の争いと不信感、特に乗員組合と客室乗員組合などを敵視する労務体制等にその象徴をみる。

そのため、会長は、「日航維新」を掲げて、その抜本的解決を図られた。四民平等の理念に目覚め、その理想実現に立ち上がった名もない若者達の生命がけの行動が明治維新を達成した。「士農工商の別なく、平等に日本国民である」という考え方は、日航維新にとっても同じである。所属する組合の別もなく、職種の別もなく、エリートもなく、特権階級もなく、まして、日の当たらない人もないという公正明朗な会社にする。そして二万人の社員が明るく希望をもって仕事にいそしむことのできる会社にする。これが会長の基本理念であり、経営方針の基本である。

又、これは四労組等距離論に象徴されるものであり、この会長の経営理念、方針は日航に平和と安定をもたらす唯一のものとして心から共鳴し、支持してきた。

しかし一方、この方針は、従来、なれあいによって企業を私物化してきた社内の極く一部の者にとっては、利益、特権の喪失を意味し、耐え難いものであった。そこで維新・改革を阻むことに力を結集し、社外に働きかけ、維新・改革の問題をすり換え、いわれなき個人攻撃まで行い、遂に会長に辞任の途《みち》を選ばせるまでに追い詰めた。（中略）

会長辞任によりこの方針がもし否定されるとすれば、事故多発の体質は倍旧の力でよみがえり、復配・民営化以前の問題として、わが社の崩壊に向かって直進するであろうことは、過去の歴史が示す如く、火を見るより明らかである。（中略）

故に、ここに身を捨てることにより、経営が直面する重大な局面を、本当に日航すべての働く人たちに理解していただき、日航維新のために、一人一人が志士となって立ち上がられることを期待し、熱望するものである。

しかしその後も、田中氏が熱望した志士は立ち上がることなく、一握りの輩は、「利益、特権」を貪り続け、日航崩壊の病巣は倍旧の力でよみがえり、危機的状況へと猛進していったのである。

Ⅵ 日本航空・真の再生のカギ

日本航空の倒産と産経新聞が指摘するその原因

二〇一〇年一月一九日、日本航空は会社更生法の適用を申請し倒産した。負債総額は二兆三千億円を超過している。日航の管財人として、企業再生機構が裁判所によって選任された。また日本政策投資銀行は新たに六千億円を融資し、稲盛和夫京セラ名誉会長が会長に就任した。二月二〇日に日航株は上場廃止となり、ナショナル・フラグ・キャリアは四九年の幕を下ろした。

倒産から約一年後の二〇一〇年一二月三一日の大晦日、日本航空は一六五名（運航乗員八一名、客室乗員八四名）を解雇した。

そのうち一四六名（運航乗員七四名、客室乗員七二名）が、年を越した二〇一一年一月一九日、東京地裁に提訴した。

こうした結果を招いた原因は何なのか。日本航空が会社更生法の適用を申請した翌月、産経新聞は次のような原因を指摘している（二〇一〇年一月二〇日付）。事柄の軽重は別にして、おおむね首肯できる指摘だろう。

▼日航の隆盛は日本の戦後復興と軌を一にしている。一時は「世界で最も安全な航空会社」とされ、国際線の定期輸送実績で世界首位に立ったこともある。

▼一九八七年に完全民営化したものの、旧運輸省や国土交通省からの天下りに変化はなかった。日航に天下りした官僚は、永田町との調整役を務める〝政治部長〟の役を担った。

▼二〇一〇年秋の金融恐慌で、海外路線比率の高い日航は大幅な需要減に直面したが、社内には「国がなんとかしてくれる」との甘えがあった。

▼一方、日航と日本エアシステムとの統合に危機感を抱いた全日空は、効率化を進め、体質強化を図った。

▼国の航空行政の責任も重い。日航に、採算のとれない地方空港への就航を求めたほか、空港建設費用を他国に比べ割高な空港着陸料の形で負担させたからだ。二〇〇八年度連結決算によると負担額は一六〇〇億円にのぼる。

逆転した日本航空と全日空の評価

飛行日誌によれば、私は、一九六七年五月四日、大阪発の国内線に乗務している。航空局に飛行計画を提出したところ、全日空の乗員たちと顔を合わせた。副操縦士たちが航空大学の同期生らしく、何か深刻な話をしているように見えた。

操縦室に入ってから私は副操縦士に尋ねた。

「何を話していたの？」

「『チェッ、たくさん乗ってやがら』と彼（全日空の友人）は言うんです」

全日空はその前年の六六年二月に東京湾に墜落して一三三人全員が死亡する事故を起こし、さらに一一月には松山空港沖に墜落して五〇人全員死亡の事故を引き起こしている。全日空は危険な航空会社とのレッテルを貼られてしまった。そしてお客様は「全日空《ぜんじつ》っぽ《から》」になってしまった。

全日空の社員は、会社が日本航空に合併されることを望んでいたのであろう。

やがて航空局の要望により、日本航空運航本部長の江島機長が全日空の副社長に転任した後、日本航空は七二年のニューデリー事故に始まりモスクワ、アンカレジ、クアラルンプール事故と続いて世界一危険な航空会社に転落してしまった。

それと対照的に全日空は世界一安全な航空会社になっている。また全日空社員の給料は常に日本航空社員の給料を上まわり、社員のモチベーション（やる気）は素晴らしいものらしい。

倒産の要因——天下りによる放漫経営と航空行政

二〇一〇年一月に日本航空は倒産し、日航の株式は上場が廃止されてしまった。日航に勤務していた間、私たち社員は半強制的に給料から毎月一万円を天引きされて株主にされていたが、上場廃止になってからその株券は紙くずになってしまった。

倒産の原因は何か？　マスコミは高すぎる社員の給料と年金だと最初の頃は騒いでいたが、日本航空の放漫経営と行政のゆがみであることに気がつき、最近は社員たたきの記事は少なくなってきた。具体的に倒産の原因を分析する。

（1）放漫経営（当事者…大蔵省天下り）

①一九八六年から九六年まで一一年間に及ぶドルの長期先物買い（一ドル約一八〇円＝実勢平均一二六円、二〇一七年まで損失処理）での二二〇〇億円の損失。

②ホテル・リゾート事業への投資の失敗で九七〇億円の損失。

③一九九八年に五〇〇億円で本社ビルを建設、早期に売却して二一〇億円の損失。

④二〇〇七年度の国際貨物カルテル違反での一七二億円の罰金などなど……。

（2）政府・航空行政（当事者…運輸省天下り）・地方自治体の圧力

①日米間の貿易不均衡解消のため、米政府の圧力に屈し、一八〇億円のジャンボ機を世界一多い一〇八機も買わされた。しかしジャンボの時代は去り、中古を売りに出しても買い手はなく、二〇一〇年八月七日の毎日新聞には「売値一億円でも驚かない」という商社幹部の言葉が紹介されている。

②政府・地方自治体は全国四七都道府県に九九もの飛行場を建設した。国策会社である日本航空は利用客の少ない飛行場にも定期便運航を強制されている。私も定年後、所要で地方空港にジャンボ機で行ったことがあるが、お客様はたったの一二名。客室乗務員より少ないのに驚いた。

③航空機の燃料税、着陸料の公租公課に一五〇〇〜一七〇〇億円を支払っている。着陸料は欧米の約三倍といわれる。

航空各社の営業費に占める人件費の割合（2009年度）

アメリカン航空	32.9%
英国航空	24.5%
全日空	18.6%
日本航空	17.4%

（3）日本航空の労務政策

政府は日本航空の四〇年以上にわたり続けてきた組合敵視・分裂・差別の労務政策を根本的に改めさせるべきである。二〇〇七年二月には、社内スパイの暗躍による九千人にも及ぶ全客室乗務員の監視ファイル事件が発覚し、東京都労働委員会から不当労働行為救済命令が出された。

日本航空乗員の整理解雇

倒産した日本航空は二〇一一年三月末の決算で一八八四億円（日航史上最大）の黒字を出した。にもかかわらず、前述のように一六五名、熟練の乗員を集中的に解雇した。そして、「高齢者を解雇しても安全運航の疎外要因となるものではない」と内外に宣伝している。経験を積んだ熟年の乗員を解雇しても安全運航に支障はない、と言っているのだ。

だが解雇の目的は安全や経済性ではない。再建策に抵抗している日航乗員組合とCCU（キャビンクルー・ユニオン）の年配活動家を狙い撃ちにして、機長は五五歳以上、副操縦士は四八歳以上、客室乗務員は五三歳以上を馘首することにある。

現在、日本航空には五五歳以上の機長がいなくなった。しかし、全日空では六五歳定年制が堅持されている。

二〇一一年一二月一七日、乗務前の呼気検査で六二歳の全日空機長から規定の二倍近いアルコールが検出され、関西空港から運航予定であった香港行き便は機長を交代し、一時間一四分遅れて出発したと新聞が報道している。これは個人の問題であり、組織の問題ではない。高齢だから乗務前に酒を飲んだのではない。

二〇〇九年、飛行中のＵＳエア機に故障が発生したが、五七歳のベテラン機長と四九歳の副操縦士が連携してニューヨークのハドソン川に不時着。全員生還して「ハドソン川の奇跡」と称賛された。機長は米下院の小委員会で「空の安全に最も重要なのは、経験を積み、よく訓練されたパイロットだ」と証言している。

私の個人的体験で恐縮だが、一九八六年、六〇歳の誕生日を前にラストフライトを終えた私は、四年間のブランクの後、六四歳でヘリコプターの免許を取得した。いきさつはこうである。

一九九〇年末に日本航空同期生の安田勝行さん（二〇一一年末他界された）と私は航空局の元試験官に呼ばれ、一部上場会社であるユニデン社が間もなく双発小型ジェット機とヘリコプターを買うことになったと聞かされた。そしてそのヘリコプターのパイロットをしてくれぬかとの話であった。私たちは承諾した。

安田さんは海上保安庁時代にヘリコプターの事業用免許を持っているので、私だけが訓練を受けることになった。訓練所はカリフォルニア州の小さなジョンウエイン飛行場。ここで九一年一月三日から三月四日までの二カ月間訓練を受け、事業用免許を取得した。

アメリカではたくさんの会社がヘリコプターを所有し、会社の屋上を離発着場にしている。したがってヘリコプターの訓練ではホバリング（静止飛行）が一番重要視される。そのほかにも飛行機とはかなり違う飛行方法があると実感した。

卒業が間近いある日、訓練が終わってサイモン教官と仲良く身の上話をしたことを思い出す。彼はいきなりエンジンを切った。私は道路に着陸を試みた。ところが前から自動車がこちらに向かって走ってくる。あわててゴーアラウンド（着陸やりなおし）をしたが、私は本能的に左車線に着陸しようとしたのだ。アメリカは右車線の国である。

その翌週、米航空局試験官の試験を受けた。彼の評価は、「シダ、ユー アー リアルコマーシャル パイロット」であった。

だが不運なことに、日本では高度経済成長の時代は終わり、ユニデン社は飛行機とヘリコプターの購入をあきらめてしまった。

私の言いたいことは、五五歳では未だ若く、優秀な機長を解雇するなということである。また客室乗務員にしても、六〇歳以上の客室乗務員はお客様にとって頼もしく見えるものだ。ぜひ外国の航空機に乗ってもらいたい。熟年の乗務員が自信を持って乗客に接しているようすが見られるはずだ。

「整理解雇」が許される条件

前述のように二〇一〇年一二月三一日、日本航空は「会社再建」の名の下に一六五名のパイロットと客室乗務員を解雇した。それに対し、日航乗員組合とキャビンクルー・ユニオン（ＣＣＵ）の労働者一四六名は、日本航空倒産の一年後にあたる一一年一月一九日に整理解雇撤回の訴訟を提訴し、それぞれ一二年三月二九日及び三〇日に判決を得ることになった。

「整理解雇」は、職務規律に違反したり、刑事事件を起こした場合の懲戒解雇と異なり、労働者に落ち度がなくても会社側の都合によって行われる。ただし経営者が「合理的な理由」もないまま整理解雇を行えば「解雇権の乱用」とみなされ解雇そのものが無効になる。整理解雇を行うさいには次の四要件が認められなくてはならない。

①人員削減の必要性：大幅な債務超過や破綻など深刻な経営危機で人員削減がやむを得ないか
②解雇回避の努力：配転、出向、希望退職募集など他の手段による解雇回避に尽くしたか
③解雇対象の人選の妥当性：合理的かつ公平で客観的な人選基準が設定されているか
④誠実な説明：労働者や労組に解雇の必要性や時期・規模などを誠実に説明したか

この整理解雇については、たとえば、二〇〇二年一一月の国会の審議の中で次のように指摘された。

「更生会社であるから整理解雇が法律上容易になることはない。整理解雇を適法とする要件（四要件）を満たす必要がある」

ただ最近の判例では、深刻な経営悪化に陥った企業の場合、四要件をすべて満たさなくても整理解雇が認められるケースが出ている。しかしその一方で、経営破綻なら必ずしも整理解雇が認められるわけではなく、民事再生法に基づき経営再建をめざしていた「山田紡績」が行った整理解雇では、最高裁が二〇〇七年、「従業員や組合への誠実な説明をしておらず、解雇権の乱用に当たる」として解雇を無効と判断した。

さて、日本航空は解雇時点において、すでに一五八六億円もの黒字を出していた。人員削減の必要性があったろうか。

「解雇の必要はなかった」――稲盛会長の発言

二〇一〇年一月一一日、企業再生支援機構と政府関係者が京セラ稲盛名誉会長に日航の代表取締役会長への就任を請求し、彼は一三日に就任を受諾した。二月一日に稲盛体制がスタート。稲盛会長が日本航空を代表し、経営の全責任を負うことになった。ただし日本航空はその前の一月一九日に会社更生法を申請して倒産している。

最高責任者の稲盛会長は、その年の大晦日に一六五名（乗員八一名、客室乗務員八四名）を解雇した。明けて一一年一月一九日、東京地裁に原告一四六名（乗員七四各、客室乗務員七二名）が不当解雇撤回裁判を提訴した。被告は日本航空。代表者は稲盛和夫である。

口頭訊問はそれぞれ八回に及び、一一年一二月一九日に乗員、二一日に客室乗務員の結審が行われ、一二年三月二九日に乗員、三〇日に客室乗務員に対し判決が下される。解雇裁判としては異例の早さである。

稲盛会長は有能な経済人として知られ、また人望もある。その稲盛会長が、二〇一一年二月八日、日本記者クラブで次のように発言した。

「月を追うごとに会社業績は良くなっています」

「最後に残った一六〇名（実際は一六五名）を残すことが、じゃあ経営上不可能かというと、そうではないのは、もう皆さんもお分かりだろうし、私もそう思う。しかし、一度約束し、裁判所、債権者が認めた更生計画を反故《ほご》にはできない」

実際に会長は、債権者にならともかく、裁判所に、従業員の解雇を約束したのだろうか？　水留副社長（兼企業再生支援機構常務）は二〇一一年三月九日、国会でこう証言している。

「（債権者、銀行などから）個別的具体的に整理解雇について要望をお聞きしたことはありません」

このように副社長の水留氏は、債権者や銀行への整理解雇の約束はなかったと明言している。この副社長発言の後、会長はさすがに「整理解雇の約束」は口にしなかったが、二〇一一年五月、雑誌のインタビューで、私はまたも稲盛会長の問題発言を見る。

「これまでは『安全が第一で利益は二の次』だった」

「利益がない会社に安全はありえない」

私はこの発言を読んで、やっぱり稲盛会長は事務屋さんだなと思った。稲盛さん、あなたは必ず時間を割いてコックピットに入り、操縦席にすわってごらんなさい。そして巨大な機体が何百人もの命を抱いて一万メートルの上空を飛翔している光景をイメージしてごらんなさい。それでも「利益が第一」と言えますか?

高木元社長は、私の在任中、御巣鷹山事故の一カ月ほど前、全社員に配布した社内誌『おおぞら』の巻頭で「利益の確保は至上命令です」とうそぶいていた。稲盛さん、ぜひこの『おおぞら』を探して、反面教師の教えを肝に銘じてください。

この稲盛発言に対して、原告の客室乗務員・熊谷朋子さんはこう反論している。

『安全第一』というのはいけないことですか?『安全は二の次』というのでしょうか。先輩から引継ぎ、長年築いてきた安全がないがしろにされていくことに、憤りを感じます。なんとしても職場に戻って、残る数年、私たちの経験を伝えて、利益優先でなく安全優先の真の日航再生に尽くしたい」

この言葉を、経営陣のみなさんはかみしめてもらいたい。やがて稲盛さんは退陣する。しかし利益が「第一」をめざす会社になったのでは、いかに黒字が増えても、日本航空の病巣を剔出《てきしゅつ》することは不可能であろう。

おわりに

日本航空が設立されたのは一九五一年で、柳田誠二郎初代社長は、「和の精神」を強調した。社内には柳田社長の言葉が徹底していた。「和の精神」は決して「仲良しクラブ」の精神ではない。社長は論語の教え「君子は和して同ぜず、小人は同じて和さず」を引用し、「仕事をしていくには和が根本であり、同時に切磋琢磨が必要である。論議すべきはあくまで論議し、それを統合するのは和の精神をもってしなければならない。小人はすぐ付和雷同するが、かえって気持ちは通じていない」と社員を諭した。

私が日本航空に入社したのは一九五八年であった。パイロットに昇格したのはその翌年であったが、操縦室（コックピット）の中には「和の精神」が徹底していた。パイロットはすべて戦前の飛行経験者で、陸軍・海軍・民間の出身者であった。彼らの間には、操縦技術の違うところがたくさんあったが、米民間航空のマニュアルを基本に切磋琢磨し、たちまちアメリカ方式の操縦技術と運航方式をマスターした。パイロットたちは意識的に陸軍・海軍・民間のセクショナリズムを捨て、「和の精神」に徹しようとした。柳田社長の在任中の一〇年間、日本人パイロットによる事故は起きていない。

一九六一年に就任した松尾静磨二代目社長のモットーは「一隅を照らす光」と「臆病者と言われる勇気を持て」であった。全社員は自分の職責に誇りを持ち、上司にこびへつらうことなく楽しい雰囲気が社内にただよった。また、目立ちたがりやより、臆病者の方が高く買われ、悪天候に無理して着陸に成功した自慢話をする機長はいなくなった。

ところが、六四年に日経連から伍堂輝雄が近い将来の社長含みで副社長に就任して以来、社内の天気は一気に暗転、社内に六つの組合ができ、互いに憎しみあい、病巣がはびこり、世界一安全な航空会社は世界一「ヒヤリ・ハット」の多い航空会社に転落し、稲盛会長が就任した現在でも、未だにこの病巣は払拭されていない。最近会った女性パーサーの話によると、第一組合と第二組合の同期のスチュワーデスが廊下で顔をあわせても挨拶をしないそうである。組合間のいがみあい、労使の憎しみ、出世のためのオベンチャラの横行。こんな会社に運航の安全が期待できるだろうか。

二〇一〇年一月一九日に日本航空は倒産したが、再び会社に幸せが戻るだろうか。戻ることはない。なぜ？「和の精神」がないからだ。戻すためには組合の分裂を解消し、一つの組合に団結することが絶対に必要だ。なぜ機長が乗員組合から脱退したのだ。あれは伍堂が機長からスト権を奪うため、機長総員に管理職というエサを与え、機長たちがそれに飛びついただけだ。伍堂の真意を理解できず、未だにたった一人の副操縦士を従えて管理職気取りでいるのは、お笑いではないか。

暗黒の労務政策が日本航空を倒壊させたのだ。早く機長組合を解散して乗員組合に再編成し、地上職も第一組合と第二組合を解散し、日本航空労働組合を結成しなさい。それができなければ日本航空は、絶対に安心して翔《と》ぶことはできないぞ。

日本航空を愛する元パイロットは、そう願ってやまない。

二〇一二年二月二日

信太　正道

信太 正道（しだ・まさみち）

1926年12月生まれ。1945年3月、海軍兵学校の最後の卒業生となる（第74期）。45年7月、神風特攻隊員指名の直前、海軍少尉に任官。8月、訓練地の千歳から出撃基地の茨城県百里基地へ向かう途中、敗戦を迎え命を拾う。

戦後、京都大学経済学部卒業後、海上保安庁、海上警備隊、航空自衛隊をへて、1958年、日本航空入社、63年より86年の退職まで機長を務める。

退職後は、居住地の池子米軍住宅建設反対運動はじめ反戦・平和運動に専心。2000年、厭戦庶民が増えれば戦争は引き起こせないと考え、仲間と「厭戦庶民の会」を結成、その代表として機関誌発行や講演会開催などの活動を続けている。著書『最後の特攻隊員——二度目の遺書』（高文研）。

現住所：神奈川県逗子市小坪1－29－2

日本航空・復活を問う
■元パイロットの懐疑と証言

●二〇一二年三月三〇日——第一刷発行

著　者／信太正道

発行所／株式会社 高文研
東京都千代田区猿楽町二―一―八
三恵ビル（〒一〇一―〇〇六四）
電話03＝3295＝3415
http://www.koubunken.co.jp

印刷・製本／三省堂印刷株式会社

★万一、乱丁・落丁があったときは、送料当方負担でお取りかえいたします。

ISBN978-4-87498-476-5　C0036